鐵木眞留下當女婿，自己回去了。〔註27〕

這裏可以知道，游牧社會中盛行留女婿於女家的一種服役婚，而又由《祕史》
中的一段記載，雖未說出留下鐵木眞在女家的用意，但看全文似是說來極其
自然，想必視將女婿留於女家爲當然之方式，這也可幫助我們推斷在當時的
蒙古社會中，也是有這種傳統的規矩。

（五）冥　婚

　　這是一種特殊的婚姻形態，在各地不同的社會中，似乎都常見。據沙海
昂 A. J. H. Charignon 說：「此風蓋出於韃靼，而非出於中國。據 Petis de La Croix
所引波斯某著作家之說，此風乃由成吉思汗所提倡，用以密結其臣民之友誼
者。見西元 1205 年頒布之法令第十九條。今日（十七世紀末）韃靼人尙適用
之。」〔註28〕這是說冥婚乃源自成吉思可汗時代時之蒙古。

　　馬可波羅所看到的是：

> 設有女未嫁而死，而他人亦有子未娶而死者，兩家父母大行婚儀，
> 舉行冥婚。婚約立後焚之，謂其子女在彼此獲知其已婚配。已而兩
> 家父母互稱姻戚，與子女在生時婚姻者無別。彼此互贈禮物，寫於
> 紙上焚之。謂死者在彼世獲有諸物。〔註29〕

這是記載冥婚在十三世紀時蒙古社會中的情形。

三、婚俗及配偶、婦女之地位

　　婚姻的習俗各地不同，而總其要大致又能相倣，在早期蒙古的婚俗資料
極少，一般而言，婚俗大部份是有傳統性的，許多古老的婚俗往往能留傳至
長遠的後世；若我們明瞭近代的蒙古婚俗，也多半可知道其早時的傳統。本
文不欲在此討論蒙古的婚俗詳情，在札奇師〈蒙古的婚禮〉一文中，有極明
確的說明，可參見之。〔註30〕在此只簡單說明一下：

　　蒙古語稱女兒出嫁爲「上馬而去」Moridokhu，稱男子娶妻爲「成家」
gerleku。ger 是家、穹廬之意，因此在一個男兒新婚之時，其父母爲他建起一
個嶄新的穹廬，也就是他的家 ger。另外還有一些習慣上擇偶的條件，就女方

〔註27〕見《祕史》，六一～六六節。
〔註28〕見《馬可波羅行紀》，頁 254、註 9。
〔註29〕同前註書，頁 248。
〔註30〕見札奇師，〈蒙古的婚禮〉，《中央月刊》，三卷，7 期，頁 173。

的觀點來看,首先是重家世如何?「大凡結親呵!男孩兒要看看他們的營盤(家道)如何」。〔註31〕再者即為男子的本身,是否一表人才,所謂「眼中有火,臉上有光」這種目光如炬,像貌堂堂之人。最好是出身於貴族或富家,要不就得是個勤奮的人,他必須有生活的技能,能牧馬、割乾秣、製皮革及接生牛犢等。〔註32〕

就男方的觀點看,女子必須要會料理家務,因為蒙古婦女在經濟上佔有相當重要的地位之故,要能刻苦耐勞才能擔負;其次才是家世像貌等條件,而姿色好往往是男子追求的對象。在高等社會階層之中,往往女方還有嫁粧之俗。〔註33〕

至於結婚的程序與禮儀,不在此討論。但我想當時的社會中,因為是屬於信仰薩滿,故薩滿在結婚的儀式中應有出現。其他詳細的婦俗,可以參看札奇師〈蒙古的婚禮〉一文。

關於配偶婦女的地位,我們根據十三世紀時蒙古的社會資料可以看出,而一則也可見其婚姻與社會之關係情形。袁國藩先生的研究論文中,〔註34〕大致情形也與前文所述相似,諸如:其結婚無輩份,姐妹分嫁父子,姑姪姐妹共事一夫,姑姪分嫁兄弟,婚寡孕婦不拒,嚴禁通姦,重貞操,盛行親上加親,兩族互換婚,妻妾賜婚,獻女婚,妻妾之來源乃戰勝敵人,搶婚,入主中原以財物聘婚等。

我們現就游牧蒙古社會中最具特色的烝報(收繼)婚,來觀察其具有的意義何在?除了前述的團體契約關係而外,尚有其權利義務的關係:因收繼婚這種風俗,一般是與婦從夫的父系社會平行,特別盛行於一夫多妻,行買賣婚的社會中。〔註35〕男子要娶妻時,曾付出相當的代價,因此在丈夫死後,寡婦仍舊是丈夫的兄弟、子姪們的財產,其中最親近之親屬有權繼承此遺產。而妻寡後母與寡嫂,也並未涉及血緣關係,且兄弟子姪們對遺孀有照顧的責任,一個失去核心的家庭,生活實為不易。在收繼婚又可繼續兩個氏族間的

〔註31〕見《祕史》,第六五節。

〔註32〕Mongol Community and Kinship structure, Herbert Harold Vreeland 3rd, Published by Human Relations Arer Files, New Haven, 1954. pp. 163.

〔註33〕見唐屹師,《蒙古文化史講義》。

〔註34〕袁國藩,〈十三世紀蒙人之婚姻制度及其有關問題〉,大陸雜誌,史學叢書,第三輯,第三冊,《宋遼金史研究論集》,頁 30～310。

〔註35〕見衛惠林,《社會學》,頁 176。

連繫，將一個殘缺的家族重新整合於一個與其有親屬關係的家族之中，使二者合而為一，故在這一觀點言之，收繼婚實有其客觀存在的條件。

對於氏族的財產而言，不欲氏族的成員喪失，若寡婦改嫁其他氏族，必將涉及未成年子女和財產之轉移，這對原氏族言是種不小的損失。

收繼婚盛行於蒙古社會，到後來接受農業社會的文化觀念，以及便於統治之故，寡婦就有自由選擇的權力，而不得以強迫方式改嫁，其主要之對象是漢人，見《大元通制條格》所載即知：〔註36〕

> 至元年十三年三月，中書省戶部呈：「蒲台縣人戶韓大妻阿藏，夫亡願不改嫁，亦不與小叔續親。本部議得今後似此守志婦人，應繼人不得攪擾，聽從所守。如却行召嫁，即各斷罪，仍令收繼」。都省准呈。
>
> 大德八年正月，欽奉詔書內一款節：「該婦人服闋守志者，從其所願，若志節卓異，無可養贍，官為給糧存恤」。欽此。

婦女雖被視同財產之一，又為團體契約關係之附屬，也常被掠奪或賜婚，但也並不是在絕對的附屬地位。婦女的人格常受到重視，在蒙古早期社會中，雖貴族盛行一夫多妻制，但並不因此影響了配偶婦女的地位，我們就以這一夫多妻制來做進一步的討論：

《多桑蒙古史》上說：

> 其人妻妾之數，任其娶取，能贍養若干人，即要若干人。〔註37〕

《黑韃事略》中，徐霆也說：

> 霆見其俗，一夫有數十妻或百餘妻〔註38〕

《馬可波羅行紀》中說：

> 婚姻之法如下。各人之力如足贍養，可娶妻至於百數。〔註39〕

多妻的社會，並不只在於蒙古，許多社會中皆可見。以社會學家的解釋，以為是一因生理上滿足男性的性慾，二因經濟上增加勞力以增財富，和減輕一個主婦的負擔，三因社會上可以提高地位。〔註40〕在蒙古早期社會中還有因為子孫蕃衍的緣故，〔註41〕加上前所述的收繼婚的原則，增多了配偶婦女，

〔註36〕《大元通制條格》（北平圖書館，民國19年），卷第三，頁100。

〔註37〕見《多桑蒙古史》，頁32。

〔註38〕王國維箋證，《黑韃事略》，《蒙古史料四種》，頁512。

〔註39〕見《馬可波羅行紀》，頁238。

〔註40〕見龍冠海，《社會學》（臺北：三民，民國55年），頁268。

〔註41〕同註38。

盛行掠奪戰爭也增加了配偶。蒙古社會中的多妻制並不是對配偶婦女的侮辱和不尊重，社會中所依賴於婦女之處甚多，就如一個家庭之中，婦女平日所負擔的職責繁重可知，凡牧養家畜、製氈、御車、操作飲食家務等，可見其地位重要，而男子也不能沒有其婦女來操持這些工作，多妻則更能分擔工作。

《多桑蒙古史》中載：

> 成吉思可汗諸妻中有大婦之號者五，位最高，第一名孛兒帖，有夫人之號。夫人者，中國皇帝所授后妃以下之稱也，孛兒帖者，弘吉剌部長特因那顏之女也，生朮赤、察合台、窩闊台、拖雷四子及五女，並配諸部長。蒙古家族中位最高之妻，權較餘妻為大，所生子之地位亦隨母而尊。〔註42〕

> 蒙古的多妻制為極普遍之現象，但正妻總被尊為長上。〔註43〕

> 蒙古的多妻制，並沒有妻妾的觀念，但第一個妻子即元配，蒙文稱 abali gergen 的地位最高，在封建社會裏，也唯有他所出的兒子，才可繼承職守如爵位。〔註44〕

由上述可知，蒙古的多妻制主要特徵是別位制 disparate，群妻之中有長上，但並非是指有明顯的妻妾之分，她們彼此之間處於相當的地位，除元配正妻而外。並不嫉妒爭吵，同父所生諸子，除嫡子外，地位也相當。

配偶婦女的地位，也因其社會重視貞潔可見，可汗的法典中嚴禁不貞的行為，〔註45〕對於這點在《祕史》及《新元史》中也有提到。〔註46〕而《黑韃事略》上說：「……相與淫奔者，誅其身」。〔註47〕日本蒙古學家，島田正郎說：

> 男子可與一個以上的女子結婚，但沒有妻妾之別。婚姻儀式是在婦人服從丈夫的象徵下進行，但夫權並不如一般所想像者之強。男女

〔註42〕見《多桑蒙古史》，頁164。
〔註43〕見《蒙古社會制度史》，頁19。
〔註44〕見札奇師，《蒙古文化史講義》。
〔註45〕見《多桑蒙古史》，頁161。
〔註46〕見《祕史》第一九七節，所記之史料與《新元史》，卷一〇四，列傳第一，〈后妃傳〉，忽蘭皇后中所述同：「太祖忽蘭皇后，兀洼思篾兒乞部長荅亦兒兀孫之女也，……請降，將納女於太祖，太祖使裨將納牙逆之，阻於兵，納牙周慎止后途中三日，太祖疑納牙有私，欲罪之，后力陳，既幸，知其不欺」。見頁5上、下。
〔註47〕見《黑韃事略》，頁496。

雙方皆有請求離婚之權，有配偶者犯姦淫時，兩方皆受到責罰，婦女的貞節，被視爲美德，但並不視爲當然。女性的地位，尤其是妻子的地位，是相當高的。這大概是因以游牧狩獵爲業的民族，丈夫時常出行，此時對於家畜的管理，是成爲妻子的任務。就是說妻子在經濟上有其自立性，因比在法的方面，亦就承認其爲家庭的主體之一。〔註48〕

除了經濟上佔有重要地位如前述外，西方旅行家也有記載類似的情形，〔註49〕而婦女在政治社會上也有相當地位：

《蒙兀兒史記》中說：

蒙兀駙馬之親等於宗王，其忽里勒塔之會（大聚會），駙馬與親王將相列右，公主與后妃諸王妃列左，並得參預立君等大議，其接繫之重，自非前代戚畹所可同日而語。〔註50〕

《祕史》中記載二則資料可見婦女的發言權極重。

一則記載蒙力克老爹的七個兒子，欺負成吉思汗弟弟合撒兒，合撒兒向可汗哭訴，可汗正爲旁事發愁而斥責合撒兒。合撒兒三天不朝，此時蒙力克老爹的四子闊闊出，他是薩滿，進讒於可汗除去合撒兒，此事爲太后訶額侖知道，趕來訓斥可汗，幸未鑄成大錯。〔註51〕

一則是可汗西征回回時，臨行，也遂夫人向可汗建議立嗣，極得可汗的欣賞與贊同。〔註52〕

在遠征的時候，妻子隨指揮者同行。皇帝以及皇族們往往和其卓越的合屯（皇妃）后妃們商量大事，在成吉思可汗的法典中也有如下的規定：「隨軍隊行動的婦女，如遇男子退出戰爭的時候，代其服役軍務」〔註53〕

〔註48〕見島田正郎，〈亞洲部游牧民族的法的生活〉，《大陸雜誌》，卷二十、第 7 期。
〔註49〕見《蒙古社會制度史》，頁 27，記「家務全由婦人去做，游牧生活上必要的簡單東西，多由婦人來生產。魯布魯克說：『婦人的活計是調理蓬車，架御帳幕，擠牛奶，製造奶油和乾酪，鞣製毛皮，以筋線縫製各類衣服等等，她們也縫製鞋靴以及其他衣類，她們又製毛毡，用作蒙古包。』古代蒙古的婦人在經濟上佔有相當的地位，在社會生活方面已扮演了相當重要的角色」可參見之。
〔註50〕見《蒙兀兒史記》，卷一五一，頁 1。
〔註51〕見《祕史》，第二四四節。
〔註52〕見《祕史》，二五四節。
〔註53〕見《蒙古社會制度史》，頁 27。

這則是在軍事上的地位而言。

　　總之，我們不能因為蒙古社會中的多妻制，以及收繼婚之俗，認為其配偶及婚女的地位是像附屬品似的不重要，相反此，由上所述可知其地位相當受重視，主要也是因其社會的結構不同之故。

第二節　游牧經濟結構

　　北亞草原的游牧民族，生活賴於畜牧和狩獵二者為主，自然環境的影響，為謀求生理基層的滿足，也唯有求諸其生態的環境。在蒙古草原的地理上，其自然環境是孕育了大異於農業地區的文化和社會，自古以來，這廣大的沙漠和草原，就是游牧民族的生聚之地，我們看宋人的記載，可以了解其大概：

> 其地出居庸關，則漸高漸闊，出沙井（天山縣八十里）則四望平曠，荒蕪際天，間有遠山，初若崇峻，近前則坡阜而已，大率皆沙石。其氣候寒冽，無四時八節，四月、八月常雪，風色微變，近而居庸關北，如官山、金蓮川等處，雖六月亦雪。其產野草，四月始青，六月始茂，至月又枯草之外咸無焉。其居穹廬……遷就水草無常。〔註54〕

再看《長春眞人西遊記》所寫：「北度野狐嶺，登高南望，俯視太行諸山，晴嵐可愛，北顧但寒烟衰草，中原之風自此隔絕矣。」〔註55〕

　　長春眞人邱處機，謁見成吉思可汗，旅途所見風光，記載甚多，尤其描繪出蒙古草原的自然景狀，和游牧民的生活。該地的人們受自然界所支配，在科技不發達的時代，是不可能實行定居的農業生活，唯有充份利用其生態環境，來實行狩獵和游牧，以維持生活及延續生命。或者有人以為農業社會一定是由畜牧社會進化而來的，這似也不必做定論，主要人們的生活、社會的狀況和演進，應以其生態環境為主，並不能以主觀的看法來蓋括之。〔註56〕

〔註54〕見王國維箋註，《黑韃事略》，《蒙古史料四種》，頁470～472。

〔註55〕《長春眞人西遊記》為長春眞人邱處機弟子李志常所寫，見《蒙古史料四種》，頁258。王國維並註記有張德輝記行所言：「……由嶺（野狐嶺）而上則東北行，始見毳幕氈車，逐水草畜牧，非復中原風土」。

〔註56〕以匈奴的沃州農業來看，並不能確定說游牧民族不諳農事，可參看文崇一教授〈漢代匈奴人的社會組織與文化形態〉一文，《邊疆文化論集》，中冊，頁154～156所述。
　　另以唐屹師《突厥回紇文化講義》中，指出游牧的突厥人同匈奴一樣，也曾有過農業社會的遺跡。

地理上給予人們的自然界，可以使之利用於生活上，端賴視如何生產爲較易使其生活能獲得滿足，則採取何種生產手段與生活方式。在北亞、東北亞、西北亞地區，有所謂漁獵方式、游牧方式、也曾有農業方式的形態，大體上言，蒙古草原主要的是狩獵（包括漁獵）與游牧。

常人以爲農業生活方式比游牧生活方式，一定是「較進步」的、「較好」的，正如同我們認爲「現代」的，是由「過渡」的社會演進而來，而且是較「進步」的，「較好」的，一樣都是有著濃厚的「價值判斷」的觀念，這種看法，常暗示一種單一的、最後的事態，確認之爲是命定的，單一直線式的進化法則，富有一種目的論的含意，而以爲是社會發展一個自然的階段。若說由游牧社會「演進」到農業社會，再「演進」至現代化的工商業社會，以爲游牧和農業社會是屬於「過渡」的社會，是較差的社會，這種看法，誠如拉波楞波（J. Lapolombora）所說：

> 過渡一詞，指政治或經濟社會發展的「社會的達爾文底型模」，這個詞語暗示社會變遷是不可避免的，並且這種變遷是朝著可認同的時期前進的，同時，演化的後期，又必然地較之前期複雜，而且優越。

〔註57〕

這是極爲高明的批評可見「過渡」一詞應避免使用。我們若能避免價值判斷，和主觀意識，當不會難於去了解游牧社會的諸多狀況。

游牧社會的文明智慧，也未必一定低於農業社會，我們看看他們對於動態生物的控制，要狩獵、畜牧、還要配合自然環境來活動遷徙，這中間的技術和知識，未必比播種、耕耘簡單，他們把日常生活的衣、食、住、行全依賴於牧畜，欲克服其間的困難，而適當又充分的利用，也不會是簡單的智慧所能輕易辦到的。

一、基本的經濟生活

（一）林木中百姓

札奇師也說：「上古時代的這一個北方民族（指匈奴）是居住在陝西、山西、河北中、北部可以農耕的地區的，因此，他們在當時曾否也以農耕爲其生產手段之一，又是一個值得研究的問題。」說見《北亞游牧民族與中原農業民族間的和平戰爭與貿易之關係》（臺北：正中，民國62年），頁6。

〔註57〕 見 J. Lapolombara, The Comparative Roles of Group in Political System, in Social Science Research Council, Item 15, 1961, PP. 18～21。

　　要把早期蒙古游牧社會中人們的生活，詳細地劃分出林木中的百姓和草原游牧人，並無太大的意義，同時也沒有許多嚴密的界限，他們都是游牧民族，也只是因其所在地的方便所經營的主要生活方式。當時林木中百姓，主要地是指貝加爾湖周邊的森林部族，共有六部，它們是禿馬惕、兀兒速惕、合卜合納思、帖良兀惕、客失的速、槐因亦兒堅。〔註58〕

　　《多桑蒙古史》說：在拜哈勒湖（貝加爾湖）廣大森林中，有兀兒速惕 Orassoutes、帖良古惕 Telengouts、客思的迷 Keschtimis 三部，居於乞兒吉思，謙謙州兩部附近之森林中。在拜哈勒湖東，有忽里 Couris、豁阿剌失 Coalaches、不里牙惕 Bouriates、禿馬惕 Toumates 四部，各爲巴兒忽惕 Bargoutes，居於薛靈哥 Sel-linga 河外，地名叫巴兒忽眞隘 Bargoutchin-Tougroum。尙有居於附近的不勒合眞 Boulgatchines、黑兒木眞 Kermoutchines、及兀良哈 Ourianguites。〔註59〕

　　祕史中記載成吉思可汗命長子拙赤 Jochi 去征林木中百姓的事，〔註60〕得知斡亦剌惕、禿巴思、乞兒吉思等部，亦屬於林木中百姓，在今葉尼塞 Yenisei 河上游一帶，唐時爲點戛斯、元時爲謙州、明朝爲瓦剌、清代的衛拉特，現在的烏梁海地區。

　　這些森林部族均以狩獵爲主，漁獵也是重要的經濟生活，通常不離開生聚之地的森林，以白樺和其他樹皮築屋，獵取野生物，並飼養西伯利亞鹿和小鹿，以其乳和肉爲食，對於馬的使用則不若草原中游牧民普遍，我們參看一則資料，多桑引自拉施特《史集》中，記載林木中兀良哈人的生活：

> 史家剌失德曰：林木中之兀良哈，蓋以其人居廣大森林之內，故以爲名，……不居帳幕，衣獸皮，食野牛羊肉。緣其人無牲畜，而輕視游牧民族也……兀良哈人遷徙時，用野牛載其衣物，從不出其所居森林之外。其居屋以樹皮編結之，用樺皮爲頂。刺樺樹取汁以飲：冬日常獵於雪中，以名曰察納之版繫於足下，持杖撐雪而行……甚爲迅捷，常易獲其所欲補之野牛或其他動物。〔註61〕

林木中百姓，除射獵野生物外，出名的是獵取黑貂和栗鼠；即貂鼠和灰鼠。

〔註58〕見《蒙古社會制度史》，頁15，註4。
〔註59〕見《多桑蒙古史》，第一卷第一章，頁29～31，以及第一章附錄二，頁168～171。其中所指之巴爾呼眞隘，疑是《祕史》第八節所言之「瀾勒·巴兒忽眞」，是地名也是族名，即今日呼倫貝爾巴爾虎人之祖先。
〔註60〕見《祕史》第二三九節。
〔註61〕見《多桑蒙古史》，頁166～167，附錄一。

有的部族即以此爲其族名，如前面所列居於巴爾忽眞隘附近的不勒合眞，即爲補貂者之意，黑兒木眞，即爲捕栗鼠者之意，可見這類的動物對於他們的重要，〔註62〕經濟上來說，恐怕還有貿易上更重大的意義。林木中百姓的生活如同獵人，住在簡單的木屋裏，生活所需賴狩獵，也喝樹汁，能捕獲其地的貴重特產——貂和灰鼠，並不喜歡城居和游牧的生活，但值得注意的還有一項，即是會普遍地使用雪橇（察納），這一點也可以說明人能利用智慧來生活於環境之中。他們也曾使用大型的運輸工具——蓬車——，我們參看《祕史》中所記：

> 有一天，都蛙·鎖豁兒和他的弟弟朵奔·篾兒干一同上不峏罕山；……
> 在那些挪動前來的百姓中，一輛黑蓬子車……。〔註63〕

同時，我們也可以就《祕史》中知道，林木中百姓也會因經濟原因，而轉變成草原游牧民的：

> 豁里剌兒台·篾兒干，因爲在豁里·禿馬惕部地區的貂鼠、灰鼠，和其他獸類，被自伙互相禁約，不得打捕，煩惱了，即（自立）成爲豁里剌兒氏族，（他）聽說不峏罕這裏，野物甚多，可以隨意打捕，地方又好；就起營來投奔不峏罕山的主人不峏罕·孛思合黑三，哂赤·伯顏同住兀良孩部的牧地。〔註64〕

林木中的百姓在經濟貿易上，還有著什麼樣的地位？在往來於西域的商路上，他們居於轉手的位置，是無可置疑的，在色楞格河畔和林木中百姓接壤的篾兒乞惕族，所食用的麵粉，即是經由林木中百姓的手中得到，〔註65〕這種情形如同草原游牧一樣，自有其經濟貿易上的地位與作用。

（二）草原游牧民

　　這裏佔著蒙古早期社會成員的大多數，其游牧的範圍甚廣，總是逐水草而居，經濟的基礎是畜牧，而以狩獵爲補充，以及用掠奪或者交易。畜牧和狩獵決定了生活方式，而他們游牧和屯營的方式，就是由於生態環境給予其歷練得來的專門技術和知識，例如說：牧羊和牧放牛、馬的草皮恐怕就會有

〔註62〕見《蒙古社會制度史》，頁3。
〔註63〕《祕史》第五、六節及其註2。這些百姓在第八節中說是屬於瀾勒·巴爾忽眞地面的林木中百姓。
〔註64〕錄自《祕史》，第九節原文。
〔註65〕見《蒙古社會制度史》，頁4。

所不同，牛馬食草；吃得較淺；羊食草則深；牧放過牛馬的草皮尚可以再牧羊，反之，則無法再飼牛馬。蒙古的游牧社會，與遠古以來在北亞草原的其他諸游牧民族，大體上相同，然而經過一段長時間，早期的蒙古游牧社會，在經濟結構上仍有著顯著的演變。

游牧民的安營下寨之地叫做「嫩禿黑」Nontug，亦即《元史》上的「農土」，即營盤、定居地、分地等意思，〔註66〕他們在這裏經營畜牧和外出狩獵，生活一切全賴於畜類。生活的風俗習慣，暫不在此討論。畜牧重視羊和馬，一般較貧窮的人們是沒有馬的，依照宋人趙珙的記載，通常人家的馬與羊，比例是一比六、七，即是擁有一匹馬的，必有六、七隻羊，〔註67〕馬對於他們而言，是非常的重要，在各種史料中，都可以看到游牧民族都極重視馬，主要的功用在於，第一、經濟利益上：馬乳可供飲用，即所謂馬潼（忽迷思 Kumis，蒙語謂：airagh, chigo），可用作交通工具，皮革可資利用製作日常生活所需，狩獵或圍獵時，用之捕獸等。第二、軍事上：不論出外掠奪、戰爭，或保護自己生命以避敵人，都不可無馬，游牧民族在軍事上的用馬，是最富機動性的利器。第三、政治作用上：可以用之於交易、納貢、賞賜等方面。第四、社會作用：就其本身的社會內，是提高社會地位的表徵。

較早期的蒙古社會，由於資料缺乏，不能有詳細的研究，十二世紀以後，就開始有較多一點的資料。在此前，約十一至十二世紀時，蒙古草原的游牧形態有二：一種是氏族或部族全體集合在一起游牧，共營團體的游牧生活。一種是與此相反，各家族或個別的單獨游牧，少數幾家或小氏族形成很小的屯營。前者即為「庫里延」Kuriyen 的屯營，後者即為「愛里」Ayil 方式的屯營。據拉施特所言「庫里延」的意義，是指在野外排成輪形的許多蓬車，而「庫里延」即為輪的意思，在早先的游牧部族，野營時集為輪形，部族長老居於其中，就叫做「庫里延」，並且說至今在戰時，仍有此種傳統之布陣方法。〔註68〕在《多桑蒙古史》中，亦以為蒙古游牧社會，其部落之組織同軍隊似的結營於一起，並例舉出十三世紀左右，諸多旅行家之行紀都作此等說法。〔註69〕其實，在蒙古社會裏，游牧的氏族或部族，軍民根本不分，屯營地裏的人們，是游牧民也

〔註66〕《祕史》，第一節註5。
〔註67〕見《蒙韃備錄》，〈糧食〉條。《蒙古史料四種》，頁447。
〔註68〕《蒙古社會制度史》，頁5，及其引拉施特語。
〔註69〕見《多桑蒙古史》，頁34。

是游牧軍。

　　這兩種游牧的方式，在十二世紀時，隨時皆可發現，也有的是單獨生活的人，《祕史》中有二則記載：

　　　　朵奔篾兒干將三歲的牡鹿馱著走的時候，途中遇見了一個窮乏的人，拉著他的兒子走……。〔註70〕

　　　　孛端察兒（眼見哥哥們）不把自己當作就人（看待）……沿著斡難河，奔馳去了，來到巴勒諄・阿剌勒河邊，在那裏搭一個草棚當房子，住下，生活了。〔註71〕

「庫里延」和「愛里」這二種生活方式的游牧，也不宜做嚴格的區分，因為在早期的蒙古社會中，未必能很清楚地發現在某一個定時期中，諸氏族或部族必定是採取那一種方式來游牧。但在大體上而言，一般應是採取「庫里延」式的集團游牧，這種方式是適於一般游牧民生活的，而且在資料中我們也較常見，因為他們需要多數人的共同生活，且較易於多數人的生活。在平日彼此的照應上，以及牲畜、蓄養的保護，牧場、圍獵、戰爭等都需要團體的行動與合作，同時在其社會結構的基礎氏族制度中，也是採取氏族集體生活的特質，一般平民階級更是集體的生活在一起。「愛里」的方式，恐怕只有屬於貴族或富人階級容易發生。而拉施特以為「庫里延」的游牧方式，到成吉思可汗統一蒙古的十三世紀時，就歸於消滅。〔註72〕

　　在十一、十二世紀時，蒙古草原最理想的生活方式，應是把「庫里延」分成幾部份小的「愛里」，領主自己居住在「庫里延」之中，而把主要的財產——馬群——牧放在「愛里」之中，形成兩種經濟結構的結合。主要的是貴族考慮到「庫里延」的集團生活，易使自己的財產遭受到偷竊的可能和不便，祕史中說成吉思可汗族裏的馬群，是牧放在撤阿里的地方；由拙赤・荅兒馬剌（搠只）來負責這個「愛里」。〔註73〕當時的「愛里」，其出現的形態頗不一致，有的是因為受到本族人的排斥，而另行結營他去，少數的人自己形成「愛里」的方式來生活。最為一般人所知道的，是成吉思可汗本支的人，在他母親訶額侖夫人的時候，被同族的泰亦赤兀惕人所遺棄，不讓他們參加「庫里延」的共同生活，

〔註70〕見《祕史》，第十四、十五節，此人是屬於伯牙兀歹氏之人。
〔註71〕同《祕史》，第廿四節。在以下的幾節中，還很清楚地記載著孛端察兒獨身游牧的情形。
〔註72〕見《蒙古社會制度史》，頁6～7。
〔註73〕見《祕史》，第一二八節。及《元史》卷一、本紀第一、〈太祖〉，頁3下。

訶額侖夫人帶著幼小的兒子們過著獨立的「愛里」生活。〔註74〕

　　前面已提過草原游牧最受重視的是馬，牛與駱駝在交通上的貢獻則不如馬，而且數量不多，多半用之於載貨或供食用，以及對於其皮毛的利用。馬的價值，還可以參看兩則記載：

　　　忽必來（按：係合不勒子忽圖剌）……遇蒙古朶兒邊部落之戰士，
　　　爲所襲擊，從者皆逃，忽必來馬陷於淖泥沒馬頸，乃登鞍躍彼岸，
　　　朶兒邊人至對岸，見其無馬，乃曰：「一蒙古人失馬者有何能爲」遂
　　　釋不追。〔註75〕

　　　韃人生長鞍馬間，人自習戰，自春徂冬，旦旦互逐獵，乃其生涯，
　　　故無步卒，悉是騎軍。〔註76〕

馬不只與游牧民生活上有切身關係，也因馬的多寡強弱與其氏族本身強弱有關，在蒙古社會中，馬受到特別的重視，我以爲這是游牧民族在草原中生活，都不得不如此，從遠古的匈奴時代以降，生聚在北亞的游牧民族，都同樣地重視他們的馬，我們若稱游牧民族的社會文化爲「馬的社會」和「馬的文化」也是不爲過的。

　　至於蒙古人如何去養馬，以及使用馬，這是相當高的技術與智慧，在《蒙韃備錄》裏有〈馬政〉節來專門述說，另外在《黑韃事略》中也有極詳的記載，《大元馬政記》也可供參考。〔註77〕

　　成吉思可汗本氏的馬數在早年時期並不多，他的父親也速該勇士帶他去訂親時，只送了一匹他們的從馬爲訂禮。〔註78〕而後他由泰亦赤兀惕人處逃難出來，與家人聚住時，也只有八匹銀灰色騸馬，和一匹甘草黃馬。〔註79〕直到泰

〔註74〕見《祕史》，第七十節～七五節，這段歷史在《新元史》本紀第二，〈太祖上〉，
　　　　頁1上、下，以及《元史》本紀卷一，〈太祖紀〉，3～4頁，《多桑蒙古史》，
　　　　第一卷第二章等書，皆有記載，但不若《祕史》之詳盡。
〔註75〕見《多桑蒙古史》，第一卷第二章，頁39。
〔註76〕《蒙韃備錄》，〈軍政〉節。《蒙古史料四種》，頁445。
〔註77〕姚從吾教授在〈十三世紀蒙古人的軍事組織遊獵生活倫常觀念與宗教信仰〉
　　　　一文中，對於蒙古人的養馬方法，有專條的整理，可參看《邊疆文化論集》
　　　　第二冊，頁234～236。在《東北史論叢》下冊，所收該文，以〈成吉思汗窩
　　　　潤台汗時代蒙古人的軍事組織與遊獵文化〉爲題。
〔註78〕見《祕史》，六六節。
〔註79〕見《祕史》，九十節。

亦赤兀惕人來搶孛兒帖夫人時，他們家人常騎的馬，也不過九匹。〔註80〕

　　蓬車對於早期蒙古社會的經濟而言，是有相當大的功用，最早的使用無法確定，但我們知道在十一世紀以前就有蓬車的使用，《祕史》中最早見到是在朵奔・篾兒干的時候。〔註81〕蓬車多半用來載運貨物或婦女乘坐，對於旅行長途跋涉，是種很進步的交通工具，而在屯營及戰時，又常圍成輪形成為一種軍事的佈署，這也是因為在大草原中最佳的自衛方式，蓬車能輕易的移動，使用牛馬來拖拽，不但節省人力畜力，而且易於避免在敵人襲擊爭奪中的損失，同時也能發揮機動的性質。然而在朵奔・篾兒干時代所見的使用黑色蓬車子的人，卻是屬於林木中百姓的豁里禿馬惕人，在林木中狩獵的百姓原是使用不到蓬車的，可能係學自草原游牧民而來。可知蓬車的使用早在游牧民中甚為普遍，若是要在草原中移動，使用蓬車裝貨載人，也是最經濟的方式，這種方式沿用至今，仍甚為普遍。大抵是也要有使用這種工具能力的氏族才能有蓬車，蓬車的重要性最明顯的例子，是成吉思可汗曾對王汗比喻說：他們似蓬車的兩轅，毀壞了一根，則牛不能拖著走；似蓬車的兩輪，毀壞了一輪，車就不能轉動。〔註82〕

（三）手工藝及生產品

　　早期的蒙古人，手工藝方面的產品及其他生產物，外半是為了日常生活所需。武器方面常見的有弓、矢、槍、甲胄、刀劍、木革盾牌等，這些產品在收降畏吾兒以前，金屬的製成品並不多，而後得自中亞地方的工匠漸多，在這方面的製作就較普遍與精細，尤其是攻城之具，到滅金後，更得到大批工匠，百工之事於是大備。〔註83〕在交通用具上，如馬鞍、馬具、蓬車等的製作，居住及日用品方面也甚多，穹廬、繩、氈氊、家具、飯食器具、衣飾、樂器等等，在各種資料中都不難發現；就中以穹廬的製作也不是簡單的工夫，「連簡單的蒙古包，也經過了四個進化的步驟」。〔註84〕在成吉思可汗建立自

〔註80〕見《祕史》，第九九節，及其註2。
〔註81〕見《祕史》，第五、六節，及其註2。另外在第四節記有一種高輪的車子，並參閱其註2。
〔註82〕見《祕史》一七七節。
〔註83〕見《黑韃事略》，頁502～504。
〔註84〕《蒙古社會制度史》，頁10：「魯布羅克氏（十三世紀之旅行家）對於十三世紀的蒙古包，很技巧的描寫著『現在的蒙古包與兩世紀（十一世紀）前的蒙古包完全一樣』。……因此，可以察知，連簡單的蒙古包，也經過了四個進化

己的私人武力──怯薛──時，可以知道當時的各種生產品的分類與專業化，他們之中有木匠是極為有名的。〔註85〕

二、經濟觀念

（一）財　產

游牧社會中對財產的觀念多半是相同的，對於財產的所有權和取得的方式，有四種步驟，即奪取、均分、賞賜、承繼。

奪取來的財產，資料中處處都看得到，在前面也提到這種盛行於草原中的傳統。孛瑞察兒兄弟掠奪統格黎克小河附近的百姓，把馬群、糧食、人民全都奪為自己的財產。〔註86〕凡是爭戰之後，必有財產掠奪的事，這也是游牧社會中獲取財產唯一最有效的方式，故甚為普遍，他們也常以這種方式來對付農業民族。

掠奪而來的財產一般採用均分的方式。狗兒年，成吉思可汗與四種塔塔兒作戰之前，曾號令諸軍，戰勝時不得貪財，財產要均分，〔註87〕這是一個明顯的例子。財產的均分在前文中也提到過，多半由氏族的領導者來執行。另外，在《蒙韃備錄》中，也有清楚的說明：

「凡破城守有所得，則以分數均之，自上及下，雖多寡，每留一分為成吉思皇帝獻，餘物則敷傜有差，宰相等在於朔漠，不臨戎者，亦有其數焉」，

的步驟：（一）是森林狩獵部族的小屋，（二）是以獸皮掩蔽的蒙古包，（三）是帶頸的氈製的蒙古包，（四）是今日無頸的氈製的蒙古包。」

《多桑蒙古史》第一卷第一章，頁32所記：「所居帳結枝為垣，形圓，高與人齊。上有椽，其端以木環承之。外覆以氈，用馬尾繩緊束之。門亦用氈，戶向南。帳頂開天窗，以通氣吐炊煙，竈在其中。全家皆處此狹居之內。」

《馬可波羅行記》，馮承鈞譯本頁238：「其房用竿結成，上覆以繩，其形圓，行時攜帶與俱，交結其竿，使其房屋輕便，易於攜帶。」

《黑韃事略》頁5下：「……然穹廬有二樣，燕京之制用柳木為骨止，如南方栲，可以卷舒，面前開門，上如傘骨，頂開一竅謂之天窗，皆以氈為衣，馬上可載。草地之制，以柳木織定硬圈，逕用氈撻定，不可卷舒，車上載行。」這些記載，都頗能適應當地環境與經濟原則，也最適於隨時移動搬遷的游牧生活，據札奇師所說：蒙古包的拆建最多不過半小時，又是何等的迅速。

〔註85〕見《祕史》，第一二四節，可汗對古出沽兒說：「（你）帳蓬，車輛整治者！」即木匠之職守。

〔註86〕見《祕史》，卅二節～卅九節。

〔註87〕見《祕史》，一五三節。

〔註 88〕均分的財產是建立在財產屬於全氏族的這一觀點上，而後漸形成全氏族的個人獲取財產的一種方式。這在早期的蒙古社會中，不只是在氏族之內採用此種方式，也同樣地適用於氏族聯盟之間。當成吉思可汗與王汗聯盟及金的王京承相（完顏襄）共同夾攻塔塔兒人，勝利後，成吉思可汗與王汗把所得財物均分各自回去。〔註 89〕一般氏族都視這種共同行動所得到的財產利益爲全體氏族所共有，理應均分，共同的行動可以不斷地掠奪財物分得財產，而使生活所需充足富裕，這也是後來十三世紀初，氏族的分化而形成大的氏族聯盟或部族的經濟動機。

　　其次可由受賞賜的方式來獲得財產，這類例子也極多；賞賜的內容包括極廣，不外畜類與人。成吉思可汗與王汗戰爭時，曾將王汗的部將合荅里勇士的一百人俘獲，並賜予自己陣亡的部將忽亦勒荅兒的妻子爲隸民。〔註 90〕這種形式的產生，是要在鐵木眞被推爲蒙古本部可汗以後才較常見到，這是因爲鐵木眞受到其臣將們的誓言擁立後，等於獲得氏族聯盟的最高領導權，始能行使處分財產的權力。在資料中記載賞賜的範圍甚至達到官位勳爵的時候，是在成吉思可汗消滅札木合以後的大封功臣。

　　賞賜可以使氏族或氏族聯盟的成員財產增加，亦即是整個集團的實力增強，這個情形往往是與上述的均分原則相配合，而且在執行上似乎也未有不公平或爭執的現象，這並不意味著可汗具有絕對無限的權力，而是可汗也要遵守他們社會中的傳統法則或慣例。若是違反了均分原則，或者氏族領袖恣意賞賜被視爲全氏族的財產，相信必然會引起爭端和不滿，即使是可汗本身，在朮赤、察合台、窩闊台三人得了玉龍傑赤地方，將百姓分了，沒有留下可汗的份子，使得可汗大怒，三天不准三子入見。〔註 91〕

　　最後一種方式是承繼，當阿蘭豁阿死後，別勒古訥台、不古訥台、不忽合塔吉、不合禿撒勒只四兄弟，把家中遺留的牲畜、食糧瓜分了，而未有將孛端察兒的一份分給他，〔註 92〕可見得承繼財營應是最基本的權力和方式。隨著後來氏族的擴大，承繼的範圍也因之擴大，一個氏族長死後，財產的承繼包括了這氏族長所有的財產，也包括了其隸臣、隸民們，例如成吉思可汗

〔註88〕見《蒙韃備錄》，頁 445～446。
〔註89〕見《祕史》，第一三三節～一三四節。
〔註90〕見《祕史》，第一八五節。
〔註91〕見《祕史》，二六〇節。
〔註92〕見《祕史》，第廿三節。

對脫斡鄰說出他先世；原早是屬於成吉思可汗祖先屯必乃薛襌的隸民，遺留給而後世世代代的。〔註93〕承繼尚有幼子守產的習慣，在成吉思可汗死後，幼子拖雷就承繼了孛兒只斤的祖業。

　　由上可以知道早期蒙古社會中，財產取得的方式，同時也可以知道，在其社會中的財產觀念是被指爲包括了牛羊馬群、物質、僕人、隸臣等，甚至還包括了非親生母親的妻子們，烝報婚的習慣，原因之一也當視爲基於此種財產的觀念。爵位名號也應當包含在財產內，但這也不是絕對，它一則是世襲的，但更妥貼地言，應是世選的。

（二）土　地

　　這是蒙古社會中較突出的經濟觀念，而游牧民族差不多都有相同的觀念；即是對於土地有雙重而一致的看法：一是視土地爲集團（氏族）所共有，二是對於土地僅止於使用權。

　　土地爲全氏族所共有，即沒有農業民族社會中土地爲私有不動產的觀念，這與第二種土地使用權的觀念相配合。游牧社會就是要逐水草而居，配合自然的生態環境來棲息移動，不可能會有固定永久生聚的土地。在資料中我們知道十三世紀初以前，蒙古人對於土地的野心可以說是沒有考慮，所有的戰爭、掠奪都係經濟的原因，至於說後來對土地觀念的改變，應是在滅金以後至忽必烈可汗的時代，始才漸成熟。〔註94〕

　　前文一再提到蒙古游牧民族生聚之地的自然環境，爲生活的需要，他們得狩獵、得畜牧、甚至於掠奪，以滿足生理上的基層供求，如果發生生活上的困擾，就得另覓他徙，豁里禿馬惕族人的遷徙，就是極佳的寫照。〔註95〕而孛瑞察兒時代，在統格黎克小河遇見的一群百姓，也是爲生活而游牧的人民。〔註96〕及至後來成吉思可汗早年強大後的四處擴展，仍未見有私人土地的情形，也未見有如同農業社會分封土地式的封建，在財產的觀念中，也沒有對於土地視的財產之一，這都是很明顯的事實。

〔註93〕見《祕史》，一八〇節。
〔註94〕可參考姚從吾，〈忽必烈對於漢化態度的分析〉一文，見《東北史論叢》，頁376～401。以及另文〈元世祖忽必烈汗他的家世他的時代與他在位期間的重要設施〉，見《蒙古研究》（臺北：中國邊疆歷史語文學會叢書，民國57年），頁111～121。
〔註95〕見《祕史》，第九節。
〔註96〕見《祕史》，第廿八節。

對土地僅止於使用權或優先取用權，這也是指對於土地上水草的使用而言。用之於畜牧及生活上，草皮是附屬於土地上的，而游牧民只是使用這浮離的草皮，並不使用土地，在他們的看法，並不覺得土地有何價值，只有附屬於其上的草皮才有價值。游牧民也並不在土地上圍起藩籬來佔有這塊土地，只要誰先到達有水草的地段，則自然擁有使用這塊草地的優先權，而後可以隨意遷徙至他處水草之地。廣大的草原上，可以說整個大地被視爲所有游牧民族共同擁有的，都有使用的權力，由是在早期的蒙古社會結構中，就找不到類似農業民族基於土地封建的完全相同形式。他們並不把土地視爲實質的財產，人民也不可能長期固定於一塊土地上，沒有人民固定在土地上生產及生活，也就沒有這種固定型的農業式的社會結構，而是游牧的氏族來替代整個的結構態及社會的角色功能。沒有固定土地的利益，就失去土地不動產的意義，土地對他們的意義，似乎就只在於利用其上的水草而已，因此，在這種情形之下的社會結構，若有封建的關係，也只是止於人民和財物。

而後，成吉思可汗在西域七年的征戰中，始漸對城市注意，對於土地的觀念開始有了新的認識，但此時可以說仍是以經濟目的爲主的，對於城市的人民和財產有治理的方法，這在後面還會討論到。及至太祖廿年，成吉思可汗在和林行宮分封諸子的情形來看，〔註 97〕對於土地觀念似乎如同農業社會的分封，但實在並不意味著如此，《祕史》中則無此類的記載，《祕史》是蒙古本身文字的記載，保有其本身傳統的蒙古式觀念較可靠，其所記載的，在此時仍是採取均分的原則，並沒有多大的改變，仍用將人民、財物均分的方式。外國史料中所記載的，又多爲所攻略之中、西亞城市，盡皆掠物奪民而毀城屠人以去。然而也有資料記載著成吉思可汗以地分封諸子親貴者，〔註 98〕

〔註 97〕見《新元史》，卷三，本紀第三，〈太祖下〉，頁 15 下、16 上。

〔註 98〕關於蒙古的封建，應以專文討論之，現僅檢幾則記載分封的資料：
《祕史》，第二〇三、二〇五、二〇六、二〇七幾節，記載可汗對失吉忽秃忽、孛斡兒出、木華黎、豁兒赤等的分封。
馮承鈞譯，格魯塞之《蒙古史略》，第二卷，頁 34，及頁 36 的註 5 之說明。
屠奇《蒙兀兒史記》，卷四，〈斡歌歹本紀〉。頁 2 上。
《新元史》，卷二七，〈宗世表〉「太祖分封子弟，塡服荒遠」。頁 1 下。
《廿二史劄記》，卷二九「元太祖、太宗征討諸國，得一地即封子弟一人鎮之」。見〈元封子弟駙馬於各部〉條，頁 426。
《蒙兀兒史記》，卷二二，〈成吉思諸弟列傳〉，合撒兒「所受農土，在額洏左捏河濶連海子海剌兒」，頁 1 下、2 上。
《多桑蒙古史》，馮承鈞譯本第二卷，第一章，頁 189。

這也是承繼均分的舊法，著重於該地區的人民和財產，仍不可視之為農業社會的分封。再看《多桑史》的記載：在西元 1226 年，可汗兵入西夏，取甘肅等州，所掠中國之地，倉庫無斗粟尺帛之儲，群臣以為得漢人亦無所用，不如盡殺之，而使草木暢茂，以為牧地，〔註 99〕這都表示在十三世紀初，蒙古社會的貴族們，仍是保有他們傳統的游牧觀念，以及對經濟、土地的看法。

（三）賦 斂

《黑韃事略》所載十三世紀的蒙古社會，有所謂「差發」的賦斂：

> 其賦斂謂之差發，賴馬而乳，須羊而食，皆視民戶畜牧之多寡而征之，猶漢法之上供也。置蘸之法，則聽諸酋頭項，目定差使之久近。漢民除工匠外，不以男女，歲課城市丁絲二十五兩，牛羊絲五十兩。鄉農身絲百兩。米則不以耕稼廣狹，廣戶四石。遭運銀銅，合諸道歲二萬錠。旁蹊曲徑而科斂者，不可勝言。〔註 100〕

文中又有徐霆的觀察說：

> 霆所過沙漠，其地自韃主……各有疆界，其民戶皆出牛馬車仗人夫羊肉馬妳為差發。蓋韃人分管草地，各分差發，貴賤無有一人得免者。又有一項，各出差發為各地分蘸，中之需上下亦一體，此乃草地差發也。至若漢地差發，每戶每丁以銀折絲綿之外，每使臣經從調遣軍馬糧食器械，及一切公上之用……韃主不時自草地差官出漢地定差發，霆在燕京，見胡丞相來（按：係失吉忽禿忽），贖貨更可畏……。〔註 101〕

由上述的記載可知，十三世紀近中期時候（窩闊台可汗），蒙古社會中的賦斂之法，由漢人直接所見的記載是如此：第一種是對草原游牧民的賦斂，即民戶出畜牧之斂。第二種是為驛站之需，即置蘸之法。第三種則是對漢地的賦斂之法。失吉忽禿忽他是成吉思可汗時代，第一個對農業地區城市有興趣的重要人物，也是可汗的「大斷事官」，理財定賦是他的職權之一，在太宗窩闊台可汗時代，他到燕京整理財政，這是確實的事。〔註 102〕

劉光義，《蒙古元的封建》，（臺北：廣文）。

〔註 99〕《多桑蒙古史》，第一卷，第九章，頁 150。

〔註 100〕見《黑韃事略》，頁 489。

〔註 101〕同前註書。

〔註 102〕同前註書，頁 490。另可參考姚從吾教授〈黑韃事略中所說窩闊台汗時代胡丞相事跡考〉一文，見《東北史論叢》，頁 339～363。

　　早在成吉思可汗遠征回回（花剌子模）時，大約可以看出這時期的蒙古可汗，對於同屬游牧民的西域人另有一種構想，就是欲使同一文化類型的人民結合起來。由單純的經濟原因開始漸漸有了轉變，在可汗不斷的征伐收服中西亞的城市之中，對城市、土地的重要性逐漸有了新的看法，雖這只是萌芽，但却是個重要的開端。此時有善治城市的西域人牙剌瓦赤與其子馬思忽惕的歸順，述說城市治理之要，於是馬思忽惕被派治理中、西亞大城，牙剌瓦赤治理中都（燕京），〔註103〕不但看出成吉思可汗遠大的眼光和新的嘗試，也看出他欲以西域法治理城市——包括了漢地——的決心，同時並造成了回回在蒙古帝國掌握財經大權之途。

　　從牙剌瓦赤開始用西域法治理城市，而後的許多賦稅之法也多半是受此影響。早在西元 1206 年成吉思可汗稱帝分封功臣時，失吉忽禿忽就表示對城市的興趣，並且他也是負有清查戶口、分份、斷訟的全國最高斷事官——札魯忽赤 Jarghuchi——，〔註104〕他曾爲了賦斂與另一重臣耶律楚材議論；《元史》上記載太宗六年平金以後：

議籍中原民，大臣忽禿忽等議以丁爲戶。楚材曰：「不可，丁逃，則賦無所出，當以戶訂之。」爭之再三，卒以戶定。〔註105〕

這是對漢民的賦稅原則之爭，雖然有矢吉忽禿忽以丁爲單位的西域法治漢地，和耶律楚材以戶爲單位的漢法治漢地的不同，但我們可以知道在此時蒙古統治的漢地已實行了賦稅。

　　《元史》中說：

太祖之世，歲有事西域，未暇經理中原，官吏多聚斂自私，貲至鉅萬，而官無儲待。近臣別迭等言，漢人無補於國，可悉空其人，以爲牧地。楚材曰：陛下將南伐，軍需宜有所資，誠均定中原地稅、商務、鹽酒、鐵冶、山澤之利，歲可得銀五十萬兩，帛八萬匹，粟四十餘萬石，定以供給，何謂無補哉？帝曰：卿試爲朕行之。乃奏立燕京等十路徵收課稅使。〔註106〕

這段記載，可以看出當時華北漢地，在太祖、太宗之際的紊亂，也可以知道

〔註103〕見《祕史》，二六三節。
〔註104〕見《祕史》，一〇三節。
〔註105〕見《元史》，卷一四六，列傳第卅三，〈耶律楚材傳〉，頁6上。
〔註106〕同前註，頁3下、4上。

耶律楚材欲漢地行漢法的理想，是在太宗時代才開始實現的，也因之引起蒙古保守派人士如忽禿忽等的衝突。

《元史・食貨志》上記載：「元初取民，未有定制，及世祖立法，一本於寬」，〔註107〕這種說法也有些道理，可能是在十三世紀中期以前，蒙古帝國裏沒有一套固定的立法來徵收賦斂，也可能是不清楚用什麼方法來立賦稅。

《元史・食貨志》中所記述諸條，都定於太宗窩闊台可汗時代的簡單立法，在太宗繼位的元年「命河北漢民以戶計出賦調，耶律楚材主之，西域人以丁計出賦調，麻合沒的滑剌西迷（牙剌瓦赤）主之。」〔註108〕到了二年，「定諸路課稅，酒課驗實息十取一，雜稅三十取一」並且立燕京等十路徵收課稅使，〔註109〕這也是耶律楚材的本議見諸於實施。

不論是漢法或西域法，在成吉思可汗以前，蒙古社會中似找不到有一定的立法來徵賦調，正如「元初取民，未有定制」。可汗的征伐武功，出發點全在於經濟利益上，這也是爲了要顧全民族大多數人的利益，一切草創，沒有什麼制度，所掠之地不在於城市、土地，而在於財產之獲取。身爲隸臣、隸民、家將的，所捕獵的野獸，所搶奪的財物，都是要呈給可汗，經由可汗來分配，這是傳統的義務權利關係，也未嘗不可視之爲固有的無定制的所謂賦斂。再看成吉思可汗成爲蒙古的可汗時，設官分職，組織政治集團、軍隊等，對於賦稅財經方面，却沒有如此明細的規定和法則，可見得早期的蒙古社會中，關於所謂的賦斂方面，必是沿用其傳統方式，並無什麼創新和更改，有必要時，可以「敕蒙古民有馬百者輸牝馬一，牛百者輸牝牛一，羊百者輸牝羊一」，〔註110〕我們自不必以農業社會的眼光去看那時期的異質社會結構形態。在十三世紀以前的蒙古社會賦斂情形，沒有充分的資料可以詳細知道，基於他們對於財產、土地的觀念，及其社會結構的基礎——氏族——的組織看來，游牧的人民，負有賦斂的關係義務，僅在領主與隸民的封建關係上就有著他們傳統的方式，來表明所謂的賦斂。他們經濟上的利益應是屬於全氏族性質的，有著自己一套的隸屬與分配方法，全氏族的人民財產名義上屬於氏族長或可汗所有，而這些人民財產和再次獲得的財產，在均分的原則

〔註107〕見《元史》，卷九三，志第四二，〈食貨〉。頁1下。
〔註108〕同前註，卷二，本紀第二，〈太宗〉，頁1下。
〔註109〕同前註，並見註105。
〔註110〕同註108。

下已經表明了與賦斂相同的意思存在，而不再有明確的規定來產生賦斂的立
法。即如《祕史》中記載失吉忽禿忽分斷全國百姓的戶口、財產、司法等，
也未立有什麼定法，必是照著他們自己傳統的社會結構來實施。〔註 111〕有
一則記載可以看出早期蒙古社會中，他們賦斂的大概，而且從這裏也可以知
道是個極簡單的法則，和一個略具規模的建設：在太宗窩闊台可汗即位之
初，有察乃和不剌合答兒的建議，太宗同意且下旨頒行的幾條規定：「讓百
姓由羊群中納二歲羊一隻做湯羊，從每一百隻羊中，拿羊一隻賑濟貧乏之人」
這是較具體一點的規則。「（諸王）兄弟們，眾多軍馬護衛著來聚會時，怎麼
能每次都向百姓徵發飲料食物呢？（這是舊法）可由各處千戶們派出牝馬擠
奶，並教擠馬奶的人放牧，常川交替，派管營盤的人，放牧馬駒」。另外尚
設有管倉、管糧之吏，以及管理牧地之官，掘水井、設驛站等。〔註 112〕至
於華北漢地，則採用了耶律楚材的漢法，定天下賦稅，也部份的約束了分封
土地上的科徵。〔註 113〕

　　綜言之，在蒙古早期社會中，關於賦斂之法，有其蒙古游牧式的方法，
是以其社會結構而有的傳統舊法。至於在成吉思可汗的晚年，及窩闊台可汗
時代，開始有了較具體的方法，這仍是保有著舊法的成分和加增的新法混合
成的賦斂之法，也是可汗的智囊們在努力地創建帝國的制度規則中的過程。
而我始終懷疑，在蒙古社會的骨子裏，他們在當時不論用何法，經濟利益的
獲取遠大於其政治治理的意義。

（四）貿　易

　　游牧民族的貿易活動，自遠古始終在進行著，不止他們彼此之間會有貿
易行為，甚至與農業社會，中、西亞洲，歐美、非洲等，也有頻繁的貿易。
在此所指的貿易範圍甚廣乏，不論是入貢、贈賜、關市、戰爭等方式，都無
非有彼此經濟需要的動機在內（當然有政治動機在內），尤其是游牧民族的經
濟動機更遠甚於政治動機，正所謂「願以所有，易其所無」，就是基於這個觀
點。而貿易的內容更是廣乏，要言之，皆為彼此所需求之物，有無相通。這
種貿易經濟關係要以專文來研討，在此不做討論。關於游牧民族和農業民族
長期間的貿易關係，以札奇師所著《北亞游牧民族與中原農業民族間的和平

〔註 111〕見《祕史》，第二○三節。
〔註 112〕見《祕史》，第二七九節、二八○節。
〔註 113〕見註 105。

戰爭與貿易之關係》一書，所研究者最為詳盡，至於對其他較遠諸地的經濟關係，還得參看如張星烺的《中西交通史料彙編》，可以知道各地與中國的交通情形，貿易與之有密切的關係。

　　早期的蒙古社會，已經直接或間接的有著貿易的行為，其交易的關係也是在於生活必需品的供求上，大多採用以物易物的方式，而生活中的必需品也差不多，主要的是來源問題以及補充的問題。根據當時的地理上知道來往於西域的商路，都掌握在畏兀兒與回教徒手中，而這重要的商道應早始於漢代開通西域以後，已不斷的有著大量的貿易在進行。前已提及這條商道在十一、二世紀時，通過了林木中百姓的狩獵區，大批的麵粉貨物沿著此要道進入了蒙古，當時篾兒乞惕族在色楞格河畔與林木百姓往來，篾兒乞惕族人多食用麵粉，必是由遠地運來，再由林木百姓轉手給他們。〔註114〕《祕史》中寫著「成吉思可汗去到巴勒諸納海子住下了。……有名叫阿三的回回，從汪古惕部……那裏來，趕著白駱駝與千隻羊，沿著額爾古涅河來，買換貂鼠和灰鼠。」〔註115〕這是西域商人來換取蒙古社會的名產貂鼠與灰鼠。《黑韃事略》中記載「其貿易以羊馬金銀縑帛」〔註116〕這是很廣泛的交易。

　　貨幣的使用要在忽必烈可汗時代才有定制。十三世紀中期以前，游牧社會與農業社會以及回教社會之間的貿易相當頻繁，金銀貴重物也是主要的交易物，而由蒙古社會輸出的物質，多半是皮毛、畜產品、狩獵物、及一些畜牧的副產品等，而輸入的物質較複雜，可參看《祕史》中的記載：

　　　　（在畏兀兒亦都護歸順時），成吉思可汗推恩回答說：「告訴他：（我）把女兒嫁給他，教他做我第五個兒子。讓亦都護將金銀、珍珠、金緞、渾金緞子、緞匹送來吧！」〔註117〕

在西元 1211 年，成吉思可汗伐金，包圍中都（北京）金人求和，可汗退兵時

　　　　金主……將有公主名位的女兒送來；把金、銀、緞匹、財物從中都運出來，儘量讓軍人拿取。……我們的士兵、把緞匹、財物儘量馱載，甚至用熟絹捆起來馱著走。〔註118〕

　　當成吉思可汗大軍入唐兀（夏）時，唐兀的君長說：

〔註114〕見《蒙古社會制度史》，頁4。
〔註115〕見《祕史》，第一八二節。
〔註116〕見《黑韃事略》，頁493，並下頁有徐霆記載當時之貿易情形，可參見。
〔註117〕見《祕史》，第二三八節。
〔註118〕見《祕史》，第二四八節。

我們唐兀人，願把蓆棘草中生長的許多駱駝，毛絨織成的各種緞匹，調養有素的鷹鷂，經常呈獻給可汗。〔註119〕

窩闊台可汗征服回教的巴里塔惕時（今巴格達），上諭曾說：

任命帶弓的護衛綽兒馬罕為探馬赤，留鎮該地。每年把黃金、黃色的渾金、織金、繡金、珠子、東珠、長頸高腳的西馬、著名的駱駝、駞駞子的合赤都騾子、與老撤速騾子等，每年當作（方物）進貢送來〔註120〕

《祕史》中的這幾個實例，說明蒙古社會中，所輸入的物質係來自各地，而都是戰爭的結果以達到經濟的目的。各地的產物不同，也就有不同的物質可以取得，同時這些財物的獲得，也不是可汗一人私有，仍要分給將臣部下們，使皆有所獲。可汗由中都退兵時，也得要使隨征的將士們獲得財物利益，這也充分暴露出他們傳統的爭戰目的，和團體獲利的方式。

（五）經濟與社會

在成吉思可汗前後的蒙古社會，經濟生活一般的概況及一些重要的觀念，其生計的基礎等，我們有了認識之後，可以發現在草原社會中，經濟上利益的獲得與氏族結構的分化是並進的。草原貴族們為要求滿足這些經濟利益，就漸趨向於氏族的聯盟，以便有眾多的人民與牲畜財物，可以進行保護自己本身的利益，以及形成大型的圍獵和掠奪，來增加更多的財產。而平民也是做同樣的改進與努力，這兩者之間的差距極微。到了此時，就是原有的氏族結構已解體，所有的氏族財產和經濟利益都在蒙古可汗的名義之下這種型式，我們也可以看做氏族的分化，實則是蒙古社會擴大在一個類似「邦聯」（兀魯思 ulus）的形態之下，而這邦聯之首長就是可汗。

愈是如此，則人民財產急速加增，這個集團也迅速的膨脹。因為在可汗的名義之下，一切努力的無非是為著全體聯盟集團整個的利益，他們這種結合一則以血緣的集結，一則以經濟利益的集結，這都與土地未曾發生什麼深厚的關係。經濟結構和生產方式不同，土地的觀念就特殊，不能保有經常足以補充的積蓄，游牧氏族結合而成的聯盟，可以說是經濟結構使其社會結構漸生變化，也可以說在十三世紀中期以前的經濟結構仍是保有傳統的觀念較多，而社會結構卻開始步向另一種分化了。

〔註119〕見《祕史》，第二四九節。
〔註120〕見《祕史》第二七四節。

第三節 政治與軍事結構

一、政治權力結構

（一）可汗——政治權力結構的中心

成吉思可汗的祖先中，第一位擁有汗號的是合不勒可汗，〔註121〕但這個汗號與以後氏族分化，形成聯盟後的可汗有不同，我以為合不勒可汗在當時只是部份蒙古氏族的可汗，是屬尼倫部份氏族的可汗，也是草原中的貴族身份。在他前的海都，據史料中的記載，也是統有許多氏族或部族的部族長，〔註122〕其地位應不下於所謂可汗之名，氏族長在氏部內部本身，是當時軍政不分的軍政首長，而大的氏族長或可汗也就成為蒙古社會中，政治與軍事的最高領導者。

可汗的繼位並非一定是長子世襲，而是他們社會中的傳統方式——世選——，在十三世紀以前，蒙古的可汗多半由乞顏惕和泰亦赤兀惕二族輪流擔任。成吉思可汗以後帝位繼承，也仍沿襲此法，窩闊台可汗被立為可汗的繼承人，《祕史》中有詳細的記載，〔註123〕他是可汗的三子，以他後來的繼位，我們參看幾則資料：

(1)《元史·太宗紀》：

> 已丑夏，至忽魯班雪不只之地，拖雷來見。秋八月已未，諸王百官大會於怯綠連河曲雕阿蘭之地，以太祖遺詔即皇帝位于鐵庫烏阿剌里。始立朝儀，皇族尊者皆拜。〔註124〕

(2)《元史·耶律楚材傳》：

> 已丑秋，太宗將即位，宗親咸會，議猶未決。時睿宗為太宗親弟，故楚材言於睿宗曰：「此宗社大計，宜早定」，睿宗曰：「事猶未集，別擇日可乎？」楚材曰：「過是無吉日矣！」遂定策，立儀制。乃告親王察哈台曰：「王雖兄，位則臣也；禮當拜。王拜，則莫敢不拜。」王深然之。及即位，王率皇族，及臣僚拜帳下。〔註125〕

〔註121〕見《祕史》，第四八節，及其註1。
〔註122〕見《元史》，卷一，本紀一，〈太祖〉。頁3上。以及《多桑蒙古史》，第一卷，第二章，頁38。
〔註123〕見《祕史》，第二五四、二五五節。
〔註124〕見《元史》，卷二，本紀二，〈太宗〉，頁1上。
〔註125〕見《元史》，卷一四六，列傳第三三，〈耶律楚材〉。頁3上。

（3）《新元史·太宗紀》：

元年己丑夏，帝至忽魯班雪不只之地，皇弟拖雷來迎，秋八月己未，
諸王百官會於怯綠連河，闊迭額阿剌勒，請帝遵太祖遺詔即位，共
上尊號曰木亦堅合罕。〔註126〕

（4）《多桑蒙古史》：

西元1229年春，諸宗王諸統將自韃靼地域之各地來集於怯綠連河畔
成吉思汗之大斡耳朵。朮赤諸子……等皆自裏海北方之地來會。察
合台率其諸子諸孫自伊黎河流域來會。窩闊台自葉密立河畔來會。
斡赤斤自東方女眞鄰近之地來會……開大會之首三日……時列會
者多歸心拖雷。耶律楚材乃請拖雷執行成吉思汗遺命，自推窩闊台
繼大位，免啓爭端。拖雷從之。遂在大會中宣讀其父遺命……如是
諸王等群向窩闊台勸進，窩闊台以位讓諸兄弟及諸叔等。……遂力
辭。諸王等曰：「成吉思汗既已指定汝爲繼承人，我等不能背其遺命。」
窩闊台仍固辭。……至第四十一日，亦星擇所擇之吉日也，窩闊台
始應諸王之請，由其兄察合台及其叔斡赤斤導之就汗位。〔註127〕

這些記載，顯示出十三世紀時，蒙古最高政治權力的轉移；我們看其在社會結
構中的意義。首先仍舊可見充分的父權社會，成吉思可汗的遺命是有著極大的
權威，我們再參考《祕史》中記載合不勒可汗遺命立俺巴孩，〔註128〕而俺巴孩
又遺命立合荅安與忽圖剌二人〔註129〕都是可信的論點。當然，這遺命也不會是
隨便立的，必也有其遵循和社會傳統，當初窩闊台可汗被選立爲繼嗣時，也是
經過一番的選擇。〔註130〕其次，參加選立可汗的都是屬於宗親貴族，但並非是
說貴族們可以完全左右大汗的選立，然大汗也理應需要他們的承認，也得透過
傳統的大聚會，始能算是正名份。再者，在十三世紀以前，忽剌爾台（大聚會）
的推選可汗是全體氏族成員共參加，〔註131〕到窩闊台可汗時，隨著社會的膨脹，
勢必不能實施類似以往的「直接選舉」，而改由社會中上層結構來實行這種權
力。也或許是氏族長的本身，及少數氏族的氏族長，是由氏族全體成員參加選

〔註126〕見《新元史》，卷四，本紀第四，〈太宗〉。頁1下。
〔註127〕馮承鈞譯，《多桑蒙古史》，第二卷，第一章，頁191～192。
〔註128〕見《祕史》，第五二節。
〔註129〕見《祕史》，第五三、五七節。
〔註130〕同註123。
〔註131〕見《祕史》，第五七節。

立，而多數的氏族聯盟大可汗，就只要各氏族長或權貴人士參加即可。

　　要言之，蒙古社會的傳統習慣，在推立氏族長，繼世任官方面，是承襲其游牧社會的獨特方式——世選——這是指繼世任官以他們自己的方法，未必有一定的規則好像「長子繼承」或「兄終弟及」等，而只是以才能為主，則得以受世選襲之，我們將在第四章第三節中再討論。

（二）札魯忽赤——中央的宰輔

　　成吉思可汗建立的蒙古帝國，不論在政治和軍事的制度上，都是沿襲著漠北游牧帝國的傳統，再加上他本人的天才睿智，加以改革創新而成，也有的是重臣們所擬議，因此，處處不免顯出游牧的軍政體系之特徵。直到蒙古社會的迅速擴大，接觸的文化複雜，和為了統治上的便利，彼此相互影響是在所難免。但在成吉思可汗前後時期的蒙古社會，其軍政結構仍可清楚地看出是屬於蒙古式的一套。

　　《元史・百官志》上說：

> 元太祖起自朔土，統有其眾，部落野處，非有城郭之制，國俗淳厚，非有庶事之繁，惟以萬戶統軍旅，以斷事官治政刑，任用者不過一二親貴重臣耳。及取中原，太宗始立十路宣課司，選儒術用之，金人來歸者，因其故官，若行省、若元帥，則以行省、元帥授之，草創之初，固未暇為經久之規矣。世祖即位，登用老成，大新創作，立朝儀，造都邑，遂命劉秉忠、許衡酌古今之宜，定內外之官，其總政務者曰中書省，秉兵權者，曰樞密院，司黜陟者，曰御史臺。體統既立，其次在內者，則有寺、有監、有衛、有府；在外者，則有行省，有行臺，有宣尉司，有廉訪司。其牧民者，則曰路、曰府、曰州、曰縣。官有常職，位有常員，其長則蒙古人為之，而漢人、南人貳焉。於是一代之制始備，百年之間，子孫有所憑藉矣。〔註132〕

這一段記載可知，十三世紀中期以後，蒙古游牧社會本身的軍政組織似已未能看到，但這就只是一種演變的情形，實則上仍有著兩套的軍政體系，即蒙古式的與漢式的。關於這個特點，和其間的關係，演變的詳情，札奇師有幾篇專文曾作詳細的研究：一為〈說元史中的「札魯忽赤」並兼論元初的尚書省〉，〔註133〕一為〈說元史中的「必闍赤」並兼論元初的中書省，〔註134〕一

〔註132〕《元史》，卷八五，志第卅五，〈百官一〉，序文，頁1上、下。
〔註133〕見《政大邊政研究所年報》，第1期，頁145～257。

爲〈說舊元史中的達魯花赤〉，〔註135〕本節所論多承其所說。

札魯忽赤 Jarghuchi 是漢語「斷事官」之意，在蒙古的游牧帝國中是極重要的官職，凡是曾任此職者，對於蒙古帝國的建立都有極大的貢獻或影響。這個官職在蒙古、突厥、畏兀兒諸族中是普遍的制度，在畏兀兒、突厥語中稱之爲 Yarghuchi，在《元史》中說哈剌・亦哈赤・北魯於歸附成吉思可汗之前，已經是畏兀兒的一個斷事官。〔註136〕前也述及〈百官志〉所言：「元太祖起自朔土……惟以萬戶統軍旅，以斷事官治政刑」。〔註137〕可知「札魯忽赤」應是不理軍事的最高行政司法官。

第一個擔任「札魯忽赤」者，是可汗的異母弟別勒古台。《祕史》中記載可汗征服塔塔兒後，要處死成年的俘虜，結果消息給別勒古台所走漏，使得蒙受重大的損失，成吉思可汗說：

> 自家一族商量大事，因別勒古台洩漏了，軍士被傷者甚多，今後商決大事，不許別勒古台參加，只教他在外邊彈壓鬥毆、盜竊、謊騙等等」〔註138〕

在《元史》中的記載是：

> 宗王別里古台者，烈祖之第五子，太祖之季弟也……幼從太祖平諸部落，掌從馬。國法：常以腹心，遇敗則牽從馬。……帝嘗曰：『有別里古台之力，哈撒兒之射，此朕所以取天下也』其見稱如此，嘗立爲相國，又長札魯火赤。〔註139〕

當時的別勒古台爲「札魯忽赤」，是在成吉思可汗爲蒙古本部可汗之後，爲全蒙古大可汗之前，故其職責由上述資料中得知僅掌司法部門，且爲可汗近身的親臣。

而後到成吉思可汗爲全蒙古的大可汗時，十三世紀初的「札魯忽赤」則爲失吉・忽禿忽，《祕史》中記得非常清楚：

> 蒙長生天的祐護，得以治理全國人民，你做能看的眼睛，能聽的耳

〔註134〕同前註書，第 2 期，頁 19～23。
〔註135〕見《臺大文史哲學報》，第 13 期，頁 293～441。
〔註136〕《元史》，卷一二四，列傳第十一，〈哈剌・亦哈赤・北魯傳〉：「……畏兀人也，性聰敏習事，國王月仙帖木兒亦都護，聞其名，自唆里迷國徵爲斷事官」。見頁 4 上。
〔註137〕同註 132。
〔註138〕見《祕史》，第一五四節，新譯本原文。
〔註139〕《元史》，卷一一七，列傳第四，〈別里古台〉，頁 1 上、下。

朵。將全國的百姓，按照他們的名字，把凡有氈帳、木板門户的都
分配安當，以便分封給我們的母親、我們的弟弟和兒子們。但凡你
的言語，任誰都不許違背。

並且還要他：

徵治全國盜賊，追查造謠惑眾，依理該殺的殺，該罰的罰！全國百
姓分份子的事情，聽斷詞訟的事情，分了斷了（都）寫在青冊上，
造成檔冊，一直到子子孫孫，凡是失吉・忽秃忽和我商議制定的，
白紙上寫成青字，造成冊子，制定的法則，今後都不許更改！擅自
更改的，必予處罰！」〔註140〕

這個時候的「札魯忽赤」就成爲兼管行政、司法、及監察的最高長官，
這是實際上的宰相，但仍有軍事上的領兵權。〔註141〕

根據札奇師的研究，認爲「札魯忽赤」有大中央的、地方上的、以及軍
中的不同，而且其權位甚高，〔註142〕似乎有代表大可汗行使全權的可能。在
十三世紀時的蒙古社會，其權力結構已清楚呈現出一端，職責分明，也有了
可汗倚爲肱股的重臣，這並非是虛有的爵位，而是負有重任的宰相之職，可
汗給予他的職責重，而權力也大，這也可看出政治組織已具規模，是隨著帝
國的迅速擴展後，因實際需要而形成。在西元 1206 年以前的「札魯忽赤」—
—別勒古台——與其後的失吉・忽秃忽，他們二人的職責權位有不少的差距，
別勒古台時僅被委以司法大權，失吉，忽秃忽則成爲兼行政、立法、司法、
監察諸權於一身的宰相——實際上要比農業王朝的宰相權位猶勝——一個蒙
古大帝國的形成也在此時。

另外，根據札奇師所說當時的「札魯忽赤」，成爲日後的二種官職之濫觴：
一爲中央的大斷事官，形成日後元朝的中書省、尚書省、或中書令、尚書令、
左、右丞相；一爲地方的斷事官，成爲後來各宗王位下的斷事官。並且在成
吉思可汗時代已有漢人——郭寶玉——爲地方性或軍中的斷事官。〔註143〕

〔註140〕見《祕史》，第二〇三節原文。

〔註141〕見《祕史》，第二五七節，成吉思可汗在兔兒年（西元 1219 年）征回回時，
曾以失吉忽秃忽爲先鋒。

〔註142〕同註133。另見陳邦瞻，《元史紀事本末》（臺北：商務，民國 54 年），卷十
四，〈官制之定〉條中説：「斷事官爲至重之任，位三公上」，頁89。

〔註143〕同註133，頁 155、158，郭寶玉他還有顯明的立法權，這當然也要可汗的認
可頒行。

（三）必闍赤──中央的副宰輔

以上所討論爲「札魯忽赤」，現在再來看看另一個重要的官職「必闍赤」。關於「必闍赤」bichigchi，《元史》中的記載：

（1）〈憲宗本紀〉載：「二年……十二月……以李魯合掌必闍赤，寫發宣詔，及諸色目官職」。〔註144〕

（2）〈兵志〉中說：「其它，預怯薛之職而居禁近者，分冠服、弓矢、食飲、文史、車馬、廬帳……之事，悉世守之。雖以才能，受任使，服官政，貴盛之極，然一日歸至內庭，則執其事如故。至於子孫無改，非甚親信，不得預也。其怯薛執事之名……爲天子主文史者，曰必闍赤。……」。〔註145〕

（3）〈祭祀志〉中說：「必闍赤，譯言，典書記者」。〔註146〕

由此可知，必闍赤之職責及性質有三：一爲寫發宣詔。二爲典書記。三爲可汗宿衛並爲之主文史；這是明顯地主辦文書之官吏。我們知道蒙古的文字，在太祖成吉思可汗征乃蠻時，俘虜乃蠻塔陽汗的掌印官塔塔統阿，可汗命這位精通畏兀兒文字的學者，以畏兀兒字母書寫蒙古語，並爲可汗諸子師，由此產生蒙古文字，其時在西元 1204 年以後；在此前的蒙古並無文字，也就不可能有主文史的「必闍赤」。

以札奇師之研究，元史中所言之「必闍赤」的地位和隸屬之不同，可以分別爲三大類：〔註147〕一爲汗庭的重臣「必闍赤」或「必闍赤」之長。二爲可汗和宗王們的侍從秘書「必闍赤」。三爲衙署中的吏「必闍赤」。其中第一、二類可以合併在一起；俱爲可汗的親衛──「怯薛」──組織之內，他們以主文史爲要職，並辦理可汗特交事項。其出身不分種族，但都有相當來歷，他們可爲皇子師，可以統軍出征、外使、調查戶口；或行六部事，由其中出過不少的丞相。「必闍赤」之職應是可以世襲，不但如此，他們尚可以諫正可汗，在國宴上居首席的地位。至於第三類的「必闍赤」，是在世祖忽必烈可汗時所產生，他們是吏不是官，是屬大元帝國的一部份，衙署的屬吏，地位甚低，與前二類可以有天壤之別。

〔註144〕《元史》，卷三，本紀第三，〈憲宗〉。
〔註145〕《元史》，卷九九，志第四七，兵二，〈宿衛〉，四怯薛條，頁 2 上、下。
〔註146〕《元史》，卷七四，志第廿五，〈祭祀三〉，宗廟上，頁 1 上。
〔註147〕詳見註134，〈說元文中必闍赤並兼論元初的尚書省〉一文。

　　成吉思可汗時代設立的「必闍赤」，若與前述之「札魯忽赤」放在一起來看；則一個是副宰相，一個是宰相。雖然在記載這時期的資料中，我們並未看到這樣的文字，但綜觀其職責與人物，不難發現二者皆係親貴重臣任之。「必闍赤」在傳統的蒙古社會中是屬於較晚的產物，到十三世紀初才開始形成，也是屬於早期蒙古社會的晚期，而本文所主要討論者，也都在十三世紀近中期以前，著重於太祖成吉思可汗前後的時期，然而這個「必闍赤」也是此一時期前後有著相當不同的地位與意義，概言之，在《元史》中所見之「必闍赤」未必就是成吉思可汗時代的「必闍赤」，他們的設置，昇遷、地位都不能視同為一的，忽必烈可汗元朝以後設的「必闍赤」業已經過轉變，如在前面所提到的第三類「必闍赤」就與第一類大有不同。但據札奇師的看法，在蒙古開國時期的首相是「札魯忽赤」──斷事官──之長，副首相即為「必闍赤」之長，至於從太宗時代至世祖定立漢式的官制之時為止，其間所謂的中書令、左、右丞相等等，都是可汗「怯薛」中，重要「必闍赤」的漢語官稱。〔註148〕

　　成吉思可汗時代的「必闍赤」都是親信重臣，在《祕史》中雖然看不到這個字，我們因其字源〔註149〕與職掌、人物等，可以說這種推論是大致不錯的。

　　矢吉·忽禿忽是可汗的「札魯忽赤」，前文已說過，再看看他的主要任務是

　　　全國百姓分份子的事情，聽斷訟詞的事情，分了斷了，都寫在青的
　　　冊子上，造成檔冊，一直到子子孫孫，凡是矢吉·忽禿忽和我商議
　　　制定的，白紙上寫成青字造成的冊子，今後不許更改。〔註150〕

可能當時的「札魯忽赤」與「必闍赤」的職掌當有相混合之處，也有可能並兼於一身。其他的尚有塔塔統阿、哈剌·亦哈赤·北魯、怯烈哥、曷思麥里、移剌捏兒、野里朮、僧吉陀、粘合重山、鎮海等人，都是其時擔任過「必闍赤」要職的重臣。〔註151〕

　　由上述中，我們發現「必闍赤」與「必闍赤」之長設立的意義和職掌，主要是因為有蒙古文字的一個副產品，在當時的社會中，其份子包括甚廣，

〔註148〕同前註，頁109。在《元史紀事本末》卷十四中說：「初太祖鐵木真起自朔土，統有其眾，部落野處，諸事草創，設官甚簡，以斷事官為至重之任，位三公之上，丞相謂之大必闍赤」，頁89。
〔註149〕「必闍赤」的蒙語發音為 bichigchi 語根 bichi 是動詞的「寫」字，加上接尾語 g 而成為名詞「書」的意思，最後的接尾語 chi 表示與原字有關的，或「所司者」，因此「必闍赤」這字的意思就成為「司書」，或書記、秘書之意。
〔註150〕見《祕史》，第二○三節原文。
〔註151〕參見同註134。

各地不同籍貫之人皆可充任，而且他們往往都是能征善戰的將領，或者是能幹的才俊，以及學者之流。在成吉思可汗以前，他們都是身居要津，有的是親近的重臣，有的是赫赫戰功的愛將，有的則是親衛侍從之官，從這裏也看出十三世紀初期的「必闍赤」並非只專管文書之士，雖然沒有很清楚地劃分出來，但是得要懂文書之人充任是不會錯的，但也絕對不像後來元帝國以後的「必闍赤」——一個小椽吏——，相反地，在早些時期它同「札魯忽赤」一樣，共掌蒙古社會的政治權力，實際上是幫助可汗來治理當時擴張起來的大蒙古帝國。

（四）達魯花赤——宣差與地方官

《祕史》中記成吉思可汗征回回

> 收服了回回之後，成吉思可汗又降聖旨，在各個城市設置答魯合臣
〔註152〕

《元史‧太祖本紀》：

> 十八年……遂定西域諸城，置達魯花赤監治之。〔註153〕

這是「達魯花赤」這個官職的設立，而這個字義，蒙文的意思是當長官的人，做首長的人，或是幹頭目的人。〔註154〕「達魯花赤」的性質較複雜，其職權輕重有差，大致上來說，只是臨時檢派的地方官——使節——，其管轄的大小不甚相同，在太祖成吉思可汗時代，有的只管一座城、一個府，有的則甚廣；而其人選也包括很廣，蒙古人、畏兀兒人、契丹人等。到了太宗窩闊台可汗時，仍沿用之，征服各地及俄羅斯諸城都有設立。〔註155〕

根據札奇師的研究，綜合十三世紀中期以前，蒙古帝國的「達魯花赤」，可得到下列諸條結論：〔註156〕

1. 后妃、諸王、宗戚、勳臣的湯沐邑和分地，得由封主自行任命其「達魯忽赤」治之。

2. 充監國的宗王有權任命「達魯花赤」。

〔註152〕見《祕史》，第二六三節原文。
〔註153〕《元史》，卷一，本紀第一，〈太祖〉。頁21上。《元史紀事本末》中說：「後以西域漸定，始置達魯花赤於各城監治之。達魯花赤華言掌印官也。」頁89。
〔註154〕同註135，頁294。
〔註155〕同前註，頁300。
〔註156〕同前註，頁304～307。

3. 太宗時，有的掌管一城、或一州的。

4. 太宗時，分為三級：一為大達魯花赤，二為都魯花赤，三為達魯花赤。

5. 太祖至太宗時，有二種性質，一為管軍、一為管民。

6. 太宗以前，管工匠的「達魯花赤」尚無。

7. 用人範圍加廣，又有漢人、女眞人充任之。

8. 太祖時，高麗入貢，太宗時，則派探馬臣（赤）駐守之。

9. 太宗給予其虎、金、銀等符，以及授權和榮譽。

10. 「達魯花赤」之世襲為太宗所創。

11. 許多「達魯花赤」為兼差性質。

12. 憲宗時曾有副達魯花赤。

13. 憲宗時，俄羅斯之「達魯花赤」由大汗直接派遣，以消除欽察汗國宗王之權力。

這都很清楚地告訴我們，「達魯花赤」創立之初意是在於代表可汗或封主宗王們以行使鎮守之權力，可以視為地方上的最高長官，有「便宜行事」的意味，但並沒有正式的任官程序或人選，也不能視為固定的地方長官，是屬於臨時性的。關於這些特性，尚可參考姚從吾教授〈舊元史中達魯花赤初期的本義為宣差說〉一文，〔註157〕以為宣差即為「達魯花赤」的初期意義與作用，這是值得相信的看法。

政治的權力結構，由可汗以下，「札魯忽赤」、「必闍赤」、「達魯花赤」這三個連貫起來，是一套蒙古式的制度，也是為適應當時的社會需要而創立的，雖然這個行政的體系不能完全代表著其政治權力系統，但我們也知道，這個行政系統往往是軍、政兼治的，而且也往往是集軍、政於一身的重臣要將來出任這些職務。

二、軍事體系

（一）怯 薛

在討論早期蒙古社會結構中的政軍體系時，一個重要的部份就是屬於軍事上蒙古游牧式的組織，主要的是在於對一個很特殊的結構階層——怯薛（kesig）——來觀察，同時也茲以補充前章所討論的隸臣、家將們之角色功能。

「奴忽兒」nokor（單數）nokod（複數），是指伴當之意，亦即戰友和後來的家將。在十二世紀時，蒙古的社會結構已開始由氏族這一基於血緣關係的親族結合步向明顯的解體與分化，而漸形成包容幾個以上的氏族聯盟或氏族組織。在初期時，蒙古社會裏的隸臣、隸民及一切財產等都是屬於氏族長的全體所共有，還不能算是可汗個人所屬，到十三世紀初，才漸成爲可汗的私屬。尤其是有一個階層結構——家將——卻是較早些屬於可汗的私屬，這一層的意義非常明顯，而這一階層又與早期蒙古帝國的軍事體系有牢不可分的關係，並且形成這種體系的核心分子，甚且是帝國政治權力的核心分子，也就是成爲帝國或者說是社會的中心——可汗——的親衛。

首先，我們看《祕史》中記載鐵木眞被擁立爲蒙古本部可汗時（西元 1189 年）的分官任職，〔註158〕討論如下：

（1）其中有「佩帶了箭筒」者，即爲豁兒赤 Khorchi，可以視之爲近身侍衛。在《元史》中說：「主弓矢鷹隼之事者曰火兒赤」，〔註159〕又有「火兒赤者，佩櫜鞬，侍左右者也」〔註160〕

（2）飲膳官，即爲保兀兒赤 bo'urchi，實則爲御廚，指爲可汗的御廚，《元史》中說：「親烹飪以奉上飲食者，曰博爾赤」，〔註161〕又有石抹明里者，即掌此職：「世典內膳，國制，內膳爲近臣，非篤敬素著者不得爲」〔註162〕

（3）牧羊官，即爲火你赤 Khonichi，《元史》言「牧羊者曰火你赤」〔註163〕

（4）車輛整治者，爲抹赤 Mochi，即木匠之意〔註164〕

（5）佩刀的，即爲云都赤 Ulduchi，是佩刀的近侍。《元史》：「侍上帶刀者，曰云都赤」，〔註165〕《輟耕錄》上說：「國朝有四怯薛太官……中有云都赤，乃侍御之至親近者……佩環刀於要（腰）」〔註166〕

〔註158〕見《祕史》，第一二四節原文。
〔註159〕同註145。
〔註160〕《元史》，卷一一九，列傳第六，〈博爾忽附塔察兒傳〉，頁 24 下。
〔註161〕同註145。
〔註162〕《元史》，卷一六九，列傳第五六，〈石抹明里〉，頁 10 上。
〔註163〕同註145。
〔註164〕見陳彬龢選註，《元朝祕史》，頁 59，註 9。
〔註165〕同註145。
〔註166〕見陶宗儀，《輟耕錄》，卷第一，頁 32，〈云都赤條〉。

（6）掌馬官、爲阿黑塔赤 aghtachin，即爲管軍馬之官，《元史》：「別里古台……掌從馬，國法常以腹心，遇敗則牽從馬」〔註167〕

（7）豁斡察黑箭與斡多剌箭，似看做爲近處的隨從，和遠處的頭哨較妥〔註168〕

以上所列者，雖然在《祕史》中並未說出這些就是名爲「怯薛丹」，但後來這些都成爲「怯薛丹」的職掌各部門. 《元史・兵志》上說：

> 其它預怯薛之職，而居禁近者，分冠服・弓矢、食飮、文史、車馬、盧帳、府庫、醫藥、卜祝之事，皆世守之，……其怯薛執事之名，……曰火兒赤……曰博爾赤……曰云都赤……曰兀剌赤……曰火你赤……〔註169〕

可見得成吉思可汗當時所設之官職即是屬於親衛「怯薛」之前身。

可汗又以他的兩個伴當，孛斡兒出（博爾术）、者勒篾二人爲眾人之長。〔註170〕孛斡兒出是鐵木眞患難時前來給他做伴當即戰友，〔註171〕到此時已成爲他的家將之一。者勒篾原是兀良合歹氏札兒赤兀歹老人的兒子，當鐵木眞族人到不兒吉河灣時，被其父送來做家僕；〔註172〕他原應是屬於下層階級的人，但在此時也成了可汗的親信家將。正如前章所說，早期蒙古社會中階級的分別並不是永久固定在一個位置上而不得改變，此時的者勒篾由家僕而成爲隸臣或家將，是走上了上層的結構階層，當然，在廣義的可汗意義之下，仍是屬於他的隸民。

前面這些較早的官職，除去可汗的弟弟外，都可以說是前來擁護他的伴當們，這時都成了可汗的家將們，成吉思可汗初期的勢力就是主要靠他們的同心協力才得建立，可汗自己也說：「蒙天地添氣力，（神靈的）護祐，您們眾人信賴我，脫離了札木合，來助我建立功業，久後都是我吉慶的伴當，今後處處都要依靠你們了」。〔註173〕接著不久，發生的十三翼戰爭，〔註174〕據

〔註167〕同註139。
〔註168〕參見《祕史》，第一二四節，註9。
〔註169〕同註145。
〔註170〕見《祕史》，第一二五節。
〔註171〕見《祕史》，第九十節～九五節，有詳細的記載。
〔註172〕見《祕史》，第九七節。
〔註173〕見《祕史》，第一二五節。
〔註174〕見《祕史》，第一二九節。《元史》卷一，本紀第一，〈太祖紀〉，亦有記載，見頁4上。王國維校註本，《聖武親征錄》，《蒙古史料四種》，頁14～30，

《聖武親征錄》所記載可汗的十三翼中，王國維校引類編改正以第一翼爲月倫太后及可汗昆弟，而拉施特書則以訶額侖太后（月倫太后）所領爲第一翼，成吉思可汗及其子弟、諸家將、各族子弟爲第二翼，〔註175〕這些都是可汗本身所有的武力，其他則爲各氏族所有，家將們及其所稱之「怯薛」由可汗初起爭雄時，始終都扮演著極重的角色。直到西元1206年成吉思可汗爲全蒙古的大可汗時，這中間能將乞顏愓氏族聯盟轉變成以他個人爲中心，而且包括了全體蒙古人在內的帝國，主要的，實得力於其伴當（家將們）和「怯薛丹」，靠著他們的忠心賣力，對內擺脫了乞顏愓各氏族的牽絆，對外收服了其他各氏族（部族）的反抗。

　　關於「怯薛」的詳細組織，在此不做研討，〔註176〕只簡引其大概，俾能了解其在社會結構中的情況。

　　當初成吉思可汗在西元1189年初爲本部可汗時，是第一次建立「怯薛」。後來又以八十人爲宿衛、七十人爲散班，稱之爲護衛。又選擇千戶、百戶並白身人子弟中有技能、身材壯健者充之，平時做侍衛，戰時做先鋒，〔註177〕這是可汗在西元1204年（鼠兒年）出征乃蠻前的編整改革，是爲「怯薛」的第二度擴建。到了西元1206年，成吉思可汗卽全蒙古大可汗位時，又作了第三度的擴展，宿衛增至一千人，散班增至八千人，另有箭筒士（豁兒赤）一千人，於是「怯薛」的實力增至一萬人；〔註178〕這也是往後侍衛親軍的定額數目。在這其中尚有所謂「老宿衛」、「大散班」、「大帶弓箭者」，《祕史》中記說：在前的宿衛們，不論大雨雪、不論昏夜，也不論敵人紛擾厮，均在可汗帳前宿衛，將這些宿衛稱作「老宿衛者」，窩闊台統帶的散班，稱之爲「大散班」，阿兒孫統帶

也有記載。原因是：札木合的弟弟（或部將）給察兒，搶奪成吉思可汗在撒阿里由拙赤‧荅兒馬剌（搠只）所牧放的馬群，因而被殺，而引起的大戰。

〔註175〕見王國維校註本，《聖武親征錄》，頁210。另可參看洪鈞，《元史譯文證補》，卷一上，頁20。

〔註176〕《祕史》中，對成吉思可汗的「怯薛」，其初時之組成，增革、職責、人選等等都有記載，詳見第一九一、一九二、二〇二～二三四節等。同註145《元史》中也有明記。專文研討的論文，有日人箭內亙的《元朝怯薛考》，陳捷及陳清泉合譯本，（臺北：商務）。另有蕭啓慶，〈元代的宿衛制度〉，《政大邊研所年報》，第4期。

〔註177〕見《祕史》，第一九一節。

〔註178〕見《祕史》，第二二四、二二五、二二六、二三一等節，及《新元史》，卷第九八，志第六五，〈兵一〉、宿衛條。

的勇士，呼作「老勇士」，帶了箭的侍衛，呼作「大帶弓箭者」，﹝註179﹞然而這些都是早在西元 1204 年時擴建「怯薛」的老班底，﹝註180﹞可汗即賜予美稱。

西方的旅行家對於忽必烈可汗時代的「怯薛」，也有目見，所言情形不差，還是沿著成吉思可汗時期相似的情形﹝註181﹞

「怯薛」之下所有的單位：宿衛、散班、豁兒赤、及其他家事工作者，都分爲四班輪值，其職責功能皆有不同而有一定之秩序，﹝註182﹞分別由四位元勳即四傑統領成爲四「怯薛」，執行規定任務，《元史》中所說甚詳：

> 太祖功臣博爾忽、博爾朮、木華黎、赤老溫時號掇里班曲律，猶言四傑也，太祖命其世領怯薛之長，怯薛者，猶言番値宿衛也，凡宿衛每三日一更；申酉戌日，博爾忽領之，爲第一怯薛，即也可（大）怯薛。……亥子丑日，博爾朮領之弟爲第二怯薛。寅卯辰日，本華黎領之爲第三怯薛。巳午未日，赤老溫領之爲第四怯薛。……凡怯薛長之子孫，或由天子所親信，或由宰相所薦舉，或以其秩序所當爲，即襲其職以掌環衛，雖其官卑而勿論也。……而四怯薛之長，天子或又命大臣以總之，然不常設也。﹝註183﹞

可知「怯薛」長是可以世襲的，而四「怯薛」之長則不常設。若在輪值時，有違職或誤值的，要受到嚴厲的處分。﹝註184﹞

「怯薛丹」的成員，在西元 1206 年的擴建時，可以有清楚的概狀：揀選由各千戶、百戶、白身人的兒子中，技能出眾，身材壯健者。如此，千戶的兒子准帶弟一人，伴當十人，百戶的兒子准帶弟一人，伴當三人，牌子頭及白身人弟子，准帶弟一人，伴當三人，而所用馬匹器械等，由所屬千戶、百戶內科斂之。﹝註185﹞可知當時選拔的都是社會中的優秀份子，標準甚嚴，由各不同的階層選出不同的人數，且所需之物不用自己負擔，如同公費一般。這些「怯薛丹」其父兄多爲軍政中的負責人（主管），他們盡忠於可汗，子弟們的背景也較可靠，同時，這尚有「質子」（禿魯哈）的意味，並可爲將來出

﹝註179﹞見《祕史》，二三〇節。
﹝註180﹞同註177。
﹝註181﹞見馮承鈞譯，《馬可波羅行紀》，第二卷，第八五章，頁 347、354。
﹝註182﹞見《祕史》，二二七節。
﹝註183﹞同註145。
﹝註184﹞見《祕史》，第二二七、二二九節。
﹝註185﹞見《祕史》，第二二四節。

任重職的考核中心，也是種騰達的途徑，使貴族子弟爲「怯薛丹」，無異於可汗對貴族們的恩澤及於子孫。

我們再看「怯薛丹」爲質子的意味。似乎在早期的蒙古社會中，以子爲質的情形是一個傳統；者勒篾即爲一例，〔註186〕木華黎和不合亦爲一例，〔註187〕金主也曾以子入質於可汗侍衛之中，〔註188〕可汗也曾要求契丹人耶律阿海留質，耶律阿海即以其弟禿花爲質，後入可汗宿衛。〔註189〕這種取子弟爲質，以保證其父兄對可汗的忠心，在當時的蒙古社會中，常常可見。這也是一種關連的集體責任的概念所致，可汗因權力範圍的擴大與社會結構的新擴建，這種因空間迅速擴大易於弱化其將臣的向心力，故而這種取質的方式，自然是一種手段。然其最終究之目的也並非僅此一端，尚可以用之於考核諸「怯薛丹」的才幹能力和忠心，以爲其帝國人才選拔之機構，也未嘗不是一種中央的軍官學校性質。

「怯薛丹」的地位甚高，因此這種方式不必只視之爲一種義務，它亦是一種權利；成吉思可汗稱之爲「梯己的護衛」、「福神」。〔註190〕其地位比在外的千戶爲高，其家僕之地位比在外的百戶爲高。〔註191〕同時，「怯薛」各班的首長不得擅自處分其「怯薛丹」，要奏聞可汗始能行之，這類規定甚嚴。〔註192〕可汗甚且還說這「怯薛」即是他的「大中軍」，〔註193〕可見其受到可汗的器重。

「怯薛」的起源，或者是當時蒙古社會在氏族解體分化的過程中產生的游離份子，前來與成吉思可汗做伴當，而形成了一種新的社會結構。傳統的蒙古社會，到十二世紀以後有了顯明而迅速的改變，這個伴當就形成一種新的現象，以一種新的角色加入了社會結構之中，漸成爲可汗的家將，而被視之爲可汗的私人財產，也由這個基礎更鞏固了成吉思可汗的權力和其對外的擴展。在蒙古帝國的政治結構中，「怯薛」佔有核心的地位，它不僅是可汗的親衛軍，也是汗室的家務機構和帝國的中央軍，同時也是重要的中央行政機

〔註186〕同註172。
〔註187〕見《祕史》，第一三七節。
〔註188〕見《祕史》，二五三。
〔註189〕見《元史》，卷一五〇，列傳第卅七，〈耶律阿海〉，頁8下。
〔註190〕見《祕史》，第二三一節。
〔註191〕見《祕史》，第二二八節。
〔註192〕見《祕史》，第二二七節。
〔註193〕見《祕史》，第二二六節。

構，以及前面所說的質子營和中央官校，國家高級官員的儲備所，它幾乎是一個很技術的神奇組織。

（二）其他的軍事體系

早期蒙古帝國初成時，基本的軍事體系，除了怯薛而外，重要的就是其十進制的軍事體系；由牌子頭、百戶、千戶、而至萬戶。

《蒙韃備錄》上說：

> 韃人生長鞍馬間，人自習戰，……起兵數十萬，自元帥至千戶、百戶、牌子頭、傳令而行。〔註194〕

《黑韃事略》上說：

> 其民戶體統，十人謂之排子頭，自十而百，百而千，千而萬，各有長〔註195〕

《元史》上說：

> 考之國初典兵之官，視兵數多寡為爵秩崇卑，長萬夫者為萬戶，千夫者為千戶，百夫者為百戶〔註196〕

《馬可波羅行紀》上說：

> 君等應知，一韃靼君主之作戰，若率萬騎，則命一人長十人，一人長百人，一人長千人，一人長萬人，俾其本人祇將十人，而彼十人亦各將十人，以次類推，將士服從，統率極易。此外，彼等名十萬人為一禿黑，萬人為一土綿，千人為一敏里，百人為一忽思，十人為一溫。〔註197〕

這裏可以清楚看到在十三世紀中期以前的蒙古軍事單位，他們之間的統隸關係，也是基於層層節制的方式。

《多桑蒙古史》上記載：

> 韃靼地域諸部落，凡能執兵者皆為戰士，每部落分為十人小隊，就十人中選一人為之長，而統其餘九人，合十夫長九人共隸於百夫長一人，九百夫長屬一千夫長，九千夫長屬一萬夫長。君主之命令由傳令之軍校達於諸萬夫長，復由萬夫長按次以達十夫長。各部落各

〔註194〕王國維校註本，《蒙韃備錄》，頁445。
〔註195〕王國維校註本，《黑韃事略》，頁495。
〔註196〕《元史》，卷九八，志第五六，〈兵一〉，頁1下。
〔註197〕見《馬可波羅行紀》，第一卷，第六九章，頁247。

有其居地，沒有攻伐，需要士卒，則於每十人中簽發一人以至數人。

禁止將校收錄他隊之人於本隊之中，惟親王亦不得收容欲背其首領來投之人。此種禁令愈使隸屬關係鞏固，下之服從上命，毫無限制。〔註198〕

沙海昂引剌木學之說亦是以十爲進制的軍事體系，其統御將兵之法與上述的史料也相同，層層節制。〔註199〕

在《祕史》中記載，西元1206年成吉思可汗於斡難河爲全蒙古可汗時，授開國功臣九十五人爲千戶的事實，〔註200〕綜合上述資料觀之，當時的軍事組織除了以十進制爲基準外，作戰的單位是以千戶爲主，似乎千戶是最適宜實際作戰的單位，百戶嫌不足，萬戶又太大，因此，可汗才一時間發布了九十五個千戶，當然，所謂千戶，也並非是一定以千人爲限，主兒乞歹所領的千戶，即有兀魯兀惕種四千人之眾。〔註201〕

在千戶之上，則有萬戶，成吉思可汗的四個萬戶，是右手萬戶孛斡兒出，左手萬戶木華黎，中軍萬戶納牙阿，另外一個是豁兒赤別乞。〔註202〕這四個萬戶和九十五千戶，成爲軍事上極雄厚的武力，事實上，在十三世紀初，蒙古的軍隊尚不止這些。蒙古的社會，如前所述，每個屬於貴族階層的人，有他們自己的伴當和隸民們，可以說是全民皆兵，武力非常雄厚，由下面我們要談到其兵源時即可知道，這不但是兵源，還是當時蒙古社會的一個寫照。

關於兵源，《元史》上說：「其法，家有男子十五以上，七十以下，無眾寡盡僉爲兵」。〔註203〕

在《黑韃事略》上也說：「其軍，即民之年十五以上者，有騎士而無步卒」〔註204〕

所以蒙古的社會實在是全民皆兵而非虛張聲勢，同時由幼小就習獵騎戰，人皆爲兵，這是一支龐大的機動化部隊，加上天才的軍事家──成吉思可汗──的領導之下，無怪乎其鐵蹄所至，無戰不克，無堅不摧。

〔註198〕見《多桑蒙古史》，第一卷，第十章，頁157。
〔註199〕見《馬可波羅行紀》，頁252。
〔註200〕見《祕史》，第二○三節。九十五千戶可參看本書附表。
〔註201〕見《祕史》，第二○八節。
〔註202〕見《祕史》，第二○五～二○七節，及二二○節。
〔註203〕同註196。
〔註204〕見《黑韃事略》，頁501。

　　黎東方先生對於這種軍事體系的看法，他說：「……這三個萬戶，九十五個千戶，在軍事上是三個萬夫長，九十五個千夫長，在行政上等於是三個省長，九十五個縣長；在社會的意義上却也差不多是三個部長，九十五個族長；三個侯爵，九十五個男爵」〔註205〕

　　這樣子的看法，部份可供參考，在游牧社會中，尤其是在成吉思可汗以前的蒙古，的確可以有部份相當的意義。除去「怯薛」而外，有它獨特的意義作用，其他的十進制軍事單位，以及兵源上，與別的游牧民族也大致相似，或許也是游牧的傳統之一吧？現以幾則史料來看：

　　《史記》上說匈奴：

　　　置左右賢王、左右谷蠡王、左右大將、左右大都尉、左右大當戶、左右骨都侯……自如左右賢以下至當戶，大者萬騎，小者數千，凡廿四長，立號曰萬騎……諸廿四長亦各自置千長、百長、什長。〔註206〕

　　《金史》上說：

　　　猛安者，千夫長也，謀克者，百夫長也……繼而諸部來降，率用猛安、謀克之名以授其首領〔註207〕

　　《遼史》上說：

　　　遼國兵制，凡民年十五以上，五十以下，隸兵籍〔註208〕

這裏可以看出，蒙古的萬戶、千戶、百戶、牌子頭等，是有其淵源；兵源和兵額多半是以其游牧社會的傳統，可以說是民兵合一而寓兵於民的制度。

第四節　宗教信仰──薩滿教

一、宗教信仰的產生

　　處在人類歷史上廣大時空的人們，必定有其宗教或信仰，這裏所謂的宗教及信仰，是廣義地指涉宗教作用的概念，即使是最原始的，對鬼魂神靈的信仰，

〔註205〕見黎東方，《細說元朝》（臺北：文星，民國55年），下冊，頁190。
〔註206〕《史記》，卷一一○，列傳第五十，〈匈奴〉，頁9上～10上。
〔註207〕《金史》，卷四四，志第二五，〈兵〉，頁2上、下。
〔註208〕《遼史》，卷卅四，志第四，〈兵衛上〉，兵制條。頁2下。

都有其宗教作用。因此，也不在宗教的界說中來討論這些信是否配用「宗教」二字，在此只對宗教信仰的起源做一極簡略的引述，以爲本節之前言。

　　我們若由一個普遍且不滅的動機，來看宗教信仰的起源，那就是「自存衝動」（Conative conservancy），這種自存衝動是人們一切動作所由出的泉源，和支配人生的原則，各個生物都會躲避或抗拒與他生命和安樂爲敵的任何外物，並且會滿足他的機體需要。加之，個體的不可能獨自生存一生，他的自我保存與他所屬之群的團體保存，常是息息相關的。〔註209〕遠古的人類生活，並不是安適滿足到能有效地控制自身生理上、心理上、以及外在世界的客體，即如現在人類的生活，也不能隨心所欲的控制這些。那麼，我們對遠古人類之對某種超然的東西的認知（雖然並非眞正的認知），當不致感到懷疑，他們對自然界存在著的一些一能了解的東西，既不能預知，亦無法控制，於是他們相信這「超自然力」（Supernatural Powers）的存在。這種力，可說是宗教信仰的起源，這種力的演化，初由「未人格化的」（Impersonal）「泛生信仰」（Animatism），〔註210〕經由人格化的統覺，就有了這種力的「人格化」（Personified）的「泛靈信仰」（Animism）〔註211〕。

　　由於本節的主題是屬於泛靈信仰，因此，在這裏覺得有對此種信仰做個簡單說明的必要。自人們感覺到力的存在，認爲在他們生活中有無數的力，在樹林河流裏，在空中土地中，在風雨雷石之中，乃至於使他們生病，使他們得到食物等等，都存在著冥冥中的力量。當然，至於說有善、惡二類的力量，那是演化很久以後才有的觀念，遠古對宗教信仰初生時的心理，是沒有這種念頭的。至於說相信靈的存在，在他們的經驗中，重要的使他們能查覺到的是死亡與夢幻，由這裏他們對靈的意識乃有了模糊的概念。此後，他們爲了防備諸靈的侵害，爲了能驅使諸靈的作用，爲了討好諸靈的降福，就會有祭儀的產生，而以祭儀來溝通人與靈之間的就是巫師或祭司，前者只是這種方式的「宗教執行者」（Religions Practitioner）的通稱。在各不同的信仰中，有不同的稱謂來稱呼他們，且巫師是不同於祭司。〔註212〕大體而言，巫師

〔註209〕江紹原譯，摩耳著，《宗教的出生與長成》（臺北：商務，民國58年）頁4。
〔註210〕泛生信仰係Robert Marett所提出。最顯著的是考德林呑Cofrington在黑海島上做實地調察時發現的，而爲人類學家稱之爲「瑪納」Mana.
〔註211〕泛靈信仰爲Tylor所提出，以爲靈魂的信仰已是具有人格的，乃起源於人對夢幻的認知。
〔註212〕這二者的差別，大致是這樣：巫師是神附，托夢或靈來傳達神意，是由神下

是在不成爲宗教的巫術中，擔任宗教執行者的角色，而祭司則指能被視爲宗教的這種執行者，前者使用「法術」（magic）後者則以「祈禱」（Pray）爲祭儀。

到了這裏，宗教信仰已經產生而形成，從人類天生的珍惜生命起，對超自我的現象有所意識，到爲求維護自我生命，而對神祕的超然力寄予一種希望，這期間，乃是一切宗教信仰之所由生的原因。至於說宗教信仰中高層次的概念，如再生、天國、普渡、涅槃等等，那是要在較高的文化中才具有。本節所討論的信仰，則只停在切身需求的這一較低層次，當然，高層次的概念或觀念，無非是要經過低層次的演進。

二、蒙古的宗教信仰與關係

人們對於未知世界的揣測，及對這揣測的信仰，是民族文化的一個形態，這個形態自然與這民族生聚的環境有著密切的關係，對於其最初的原始宗教而言，更當是如此。在蒙古的早期社會，除一部份居住在西北角和東北角的林木中百姓而外，大部份的人們是生活在天蒼蒼地茫茫的大草原之上，在這四望無涯的草原上，最易使人感到神祕莫測與偉大的，就是永生的蒼天，和廣闊的大地，自然界中一切的變化都在其中醞釀而呈現。對於這所呈現的山、川、日、月、星辰、水、火、風雨等，都認爲是具有靈性，有力量權勢，對這些初步的認識，就是其原始的資料。

蒙古的宗教信仰並非只有一個，由薩滿教、基督教、道教，到回教、佛教等都有信仰。而本節所討論者，是蒙古草原傳統最古老的宗教——薩滿——也是游牧民族的本身信仰，探討這種信仰，我們才易於明瞭游牧民族的社會結構和文化部份。尤其在早期的蒙古社會中，到處可見這一種形態的呈現，而且對於其政治權力的結構，和文化價值上，都有深遠的作用和影響力。在十三世紀以前的蒙古社會，我們有理由相信薩滿信仰才能夠眞正地代表其宗教，在以後的討論中可以附帶地指出此點。至於其他的幾種宗教，大部份到十二世紀末、十三世紀初，才漸開始散佈到蒙古社會的信仰之中，但在實際的生活作用上看，除佛教和回教外，對於蒙古社會，都並沒有什麼重大的宗教意義，在此，對於這些宗教只打算作一個極簡單的引介：

達於人，多爲業餘或半專業的，使用直接法來除祓治病。祭司（師）則有較嚴格的訓練，代表人而上祈於神，多是專業的，而以間接法來作祭祈禱。

（一）基督教

基督教的一個支派——景教（Nestorianism），是蒙古人第一個接觸的外來宗教。景教徒們有一支由波斯、中亞，進入畏吾兒人之中，也有到阿爾泰山區的乃蠻人和克烈亦惕人中傳教。〔註213〕在西方人認為，有一個東方著名的「長老約翰」就是克烈亦惕的王汗，〔註214〕並以為乃蠻的可汗是信奉景教，其實他們都是信奉蒙古原有的薩滿教而非景教徒，但在這兩部中有人信奉景教也是極為可能的事。〔註215〕十三世紀以後，基督教派遣許多教士來到蒙古帝國，並有往返國書者，也晉見當時蒙古的可汗們，多次的接觸，收穫並不大，在蒙古的可汗中，沒有一個改宗基督教，社會中也並不普遍。〔註216〕

（二）回　教

最早的接觸是在《祕史》中的記載，成吉思可汗為王汗所迫退，至巴勒諸納水（今呼倫貝爾、額爾古訥河一帶）時，由汪古惕部來了一個名叫阿三的回回，〔註217〕只是當時並未看到蒙古人中有信奉回教色彩的情形。成吉思可汗西征花剌子模時，殘破許多回教寺院，但也有教徒受到可汗的信任和重用，如馬合木、牙剌瓦赤父子。〔註218〕而後蒙古的宗主、汗國的可汗們，因武功的擴展，和統治上的接觸回教，有不少信奉了回教；〔註219〕但這都是在十三世紀中期以後的事。

（三）道　教

道教是中國農業民族一個很悠久的本土宗教，在十二、十三世紀的金、元時代極為發達。在這一時期的道教，本身借著宗教的影響力與當時的金與蒙古兩帝國，有著種種政治及思想上的努力，〔註220〕至於道教和蒙古的接觸，是在長春真人邱處機與成吉思可汗見面的時期，而以〈西遊記〉中的「雪

〔註213〕見札奇師，〈蒙古的宗教〉一文，《蒙古研究》（臺北：中國邊疆歷史語文學會，民國57年），頁266。
〔註214〕見《多桑蒙古史》，第一卷第二章，頁45。以及《中西交通史料彙編》，第一冊，頁220的記載。
〔註215〕同註213。
〔註216〕同註213，關於基督教與蒙古接觸傳教的情形，札奇師的文中曾作次序的記載。
〔註217〕見《祕史》，一八二節。
〔註218〕見《祕史》，二六三節。
〔註219〕同註213。
〔註220〕見姚從吾，〈金元全真教的民族思想與救世思想〉一文，《東北史論叢》，頁175～204。

山講道」爲中心，由劉仲祿的推荐往見蒙古的可汗，〔註221〕這一次的接觸，據姚從吾教授的研究，認爲頗有收穫，〔註222〕這位蒙古的可汗相當敬重長春眞人，但就宗教信仰上而言，並沒有使得蒙古的可汗們改奉道教或者全眞教。

（四）佛 教

這是後來蒙古的國教。蒙古接觸的諸外來宗教，都沒有在信仰上如同佛教般地贏得蒙古可汗如此的崇奉，一定是它最適合於游牧的可汗和人民在精神上的需要。首先見到有關的資料，是在《祕史》中記載成吉思可汗收服西夏時，夏主所獻貢品中有「速篾思」Sumes 一語，譯爲「佛」的多數，〔註223〕而後蒙古人與西藏佛教發生關係，要到憲宗蒙哥可汗時代，《元史》中記載：

> 以和里觪統土蕃等處蒙古漢軍，皆仍前征進。以僧海雲掌釋教事，
> 以道士李眞常掌道教事。〔註224〕

但蒙哥可汗時期，佛教對蒙古人本身的信仰仍無關係。西藏佛教要到世祖忽必烈可汗時，才得到信奉及擴展，〔註225〕漸成爲蒙古社會中替代傳統的泛靈信仰——薩滿教——但是，佛教似乎並沒有在蒙古社會中產生根深蒂固的力量，在西元 1368 年，元順帝北走以後，蒙古社會中又恢復了他們傳統的薩滿信仰。〔註226〕

十三世紀中期以前的蒙古社會，我們由資料中可以發現他們的信仰，乃是承襲游牧民族傳統的薩滿教，同時，在下面的討論中，可以找出早期的蒙古社會結構中，由於宗教的信仰，這個薩滿教的主持人——巫師——是佔著什麼樣的角色？他在文化、政治上的功能又是如何？

三、薩滿的初步認識

（一）薩滿的意義及其流播的範圍

薩滿 Shaman 這個字，在西伯利亞人而言，是指巫師或道師，在蒙古語稱

〔註221〕見《長春眞人西遊記》，頁 230。《元史》卷二〇二，列傳第八十九，〈釋老傳〉，邱處機，頁 8 下、9 上。
〔註222〕同註 220。並可參考註前註。
〔註223〕見《祕史》，第二六七節。
〔註224〕《元史》，卷三，本紀卷第三，〈憲宗〉，頁 3 下。
〔註225〕《元史》，卷二〇二，列傳第八十九，〈釋老〉。頁 1 下。
〔註226〕同註 13，頁 274。及《馬可波羅行紀》，頁 250～251。並其註 1。

之為「孛額」böe，意為「師公」或「師父」，〔註227〕並不稱為薩滿，薩滿是滿洲語的巫祝之意，因此，薩滿這字可以視為此種信仰的領導者，在後面我們也將證明這點。

　　薩滿信仰原是以西伯利亞為中心的，而信奉的氏族，包括了東北亞、北亞的諸游牧民族，在通古斯族、突厥族、契丹族、蒙古族都有這種信仰。概而言之，東胡系與肅慎系的游牧民族，在中國東北與北部，都曾信仰薩滿。雖然至今信奉的民族及地區已是極為稀少，但在十三世紀中期以前的薩滿信仰，確實在北亞尤其在蒙古社會中，佔有相當深厚且優越的地位，即使至今，仍可以在這些民族中，看到些許薩滿的遺留。

（二）薩滿的卜巫及作法

　　薩滿是當時宗教信仰的領導者，又是神的啟示，〔註228〕在蒙古最高的孛額，是能與上天往來能知天意的「告天人」Teb Tenggeri，如祕史中所說的闊闊出。〔註229〕而一般的孛額，是驅邪、占卜、治病、除祓的巫者，也能以「札荅」Jada石呼風喚雨。〔註230〕不論其有男巫、女巫（即男、女薩滿），在施法術上都有類似的特點，先根據幾本書的記載來看：

《蒙韃備錄》：

　　凡占卜吉凶進退殺伐，每用羊骨扇，以鐵椎火椎之，看其兆坼，以決大事，類龜卜也〔註231〕

《黑韃事略》：

　　其占筮，則灼羊之髀子骨，驗其文理之逆順，而辨其吉凶。天棄天子，一決於此，信之甚篤，謂之燒琵琶。事無纖粟無不占，占不再四不已〔註232〕

《元史・憲宗紀》：

　　性喜畋獵……然酷信巫覡卜筮之術；凡行事必謹叩之，殆無虛日，

〔註227〕見《祕史》，第一八一節。札奇師以為稱師父、師公為妥。
〔註228〕俄人潤沁 A. Kozin 以為 böe 是由突厥語 bügü 轉來的，意為神的啟示。據札奇師《蒙古文化史講義》。
〔註229〕見《祕史》，二四四節。
〔註230〕見《祕史》，一四三節。以及陶宗儀《輟耕錄》，卷四，禱雨條。頁73。
〔註231〕見《蒙韃備錄》，祭祀條，頁12上。見《蒙古史料四種》，頁453。
〔註232〕見《黑韃事略》，頁11上。見《蒙古史料四種》，頁485。

終不自厭也〔註233〕

《元文類》：

> 每將出征，必令預卜吉凶，上（太祖）亦燒羊髀骨以符之〔註234〕

由這些記載中，可知薩滿是講究以羊的肩胛骨來占卜；不論任何事，都要薩滿來測吉凶。那麼除用羊骨外，其餘則如同在許多的民族，其占卜的性質方式都沒有什麼差異，這倒是不論游牧社會或農業社會中相似的一點。

薩滿的作法，不外於一般巫者的作法：手執道具，口唸咒語，跳躍呼號，如同瘋癲，達於半昏迷狀態，這時就是神已駕臨的徵兆，那麼他所言行者，正是代表著神的訓示，天命由他這裏下達。〔註235〕至於薩滿的日常生活與常人無異，衣著及作法時用的道具，各地不盡相同，大抵言，頭皆戴兜鍪，打鼓，持法鏡，凡事皆要降神，而口唸咒語，語調中充分表露游牧的風俗文化，但極少有記載爲經典的。至於談到作法時手握的神像，那不是用做崇拜的偶像；而是用做爲法器的。我們再參看《龍沙紀略》中的一段記載，這是很清楚地描寫薩滿的衣飾和法力：

> 降神之巫曰薩麻，帽如兜鍪。緣檐垂五色繒，條長蔽面。繒外懸二小鏡，如兩目狀。著絳布裙，鼓聲闃然，應節而舞。其法之最異者，能舞馬於室，飛鏡除祟，又能以鏡治疾，徧體摩之，遇病則陷肉不可拔，一振蕩之，骨節皆鳴而病去。〔註236〕

再看《多桑蒙古史》所言：

> 珊蠻者，其幼稚宗教之教師也。兼幻人，解釋人，卜人，星者，醫師，於一身。此輩各自以各有其親狎之神靈，告彼以過去現在未來之祕密。擊鼓誦咒，遂漸激昂，以至迷惘，及神靈之附身也，則舞瞑眩，妄言吉凶，人生大事皆詢此輩巫師，信之甚切。設有預言不實，則謂有使其術無效之原因，人亦信之。〔註237〕

〔註233〕見《元史》，卷三，本紀卷三，〈憲宗〉，頁11上。

〔註234〕見《元文類》（臺北：商務，民國57年），卷五十七，宋子貞，〈中書令耶律公神道碑〉，頁831。並見《元史》，卷一四六，列傳第卅二，〈耶律楚材傳〉，頁2上。

〔註235〕薄瑞丁 M. Prawding 所著《蒙古帝國》The Mongol Empire, New York, Free Press, 1967, pp. 84

〔註236〕方式濟，《龍沙紀略》（臺北：廣文，民國57年），頁33。

〔註237〕《多桑蒙古史》，第一卷，第一章，頁33。

薩滿有男 böe、女 üdgen，一般認爲女薩滿先於男薩滿，且較有地位。二者皆講究衣缽的承傳；前者有世襲或傳弟子，後者則不傳女只傳媳。大概言之，拜了師承後的繼承人，要學習背誦咒語、學法儀、打鼓、韻律，及忍受寒熱、吃苦等；如此看來，做個薩滿還得眞有一套才行。

（三）薩滿的角色功能——《祕史》中薩滿的活動

薩滿既爲北亞草原的共同信仰，十二世紀末蒙古人的興起及強大，其勢遂掩有整個中國的東北及北亞洲。雖然蒙古人對宗教的信仰，始終未有強制性的迫害或排擠某一種信仰，而在成吉思可汗初起以至忽必烈崇佛這段期間，薩滿的勢力達於最高峯，且佔有大部份蒙古人的信仰領域，尤其在成吉思可汗與窩闊台可汗時，薩滿受崇信的地位及權勢，我們由《祕史》的三段記載中不難窺見。

（1）豁兒赤 Khorchi 的政治宣傳

當成吉思可汗與他的安荅札木合分手後，局勢一時對成吉思可汗不利，此時的豁兒赤是札木合一邊的部長兼薩滿 böe，他倒向成吉思可汗，並以其身份做傳神旨的話說：

> 我們是聖哲的祖先孛端察兒所納擄拿婦人所生的。我們與札木合出自一個人的肚皮，誼屬同胞，依理本不應該和札木合彼此分離。但是因爲神明的指示，使我親眼看見……無角的黃白色的犍牛，拽著個大帳蓬的下樁，跟在鐵木眞的後面……說：「天地商量著，國家的主人，要教鐵木眞做！我載著國家送給他去！」神明的指示，教我親眼目睹，教我知道了。〔註238〕

以這種政治宣傳作風，號召了各部投向成吉思可汗，而使其勢力及政治號召上大爲增強，故豁兒赤頗受成吉思可汗的崇愛及信任，後來他被封爲萬戶。

（2）闊闊出 KöKöchü 的弄權

闊闊出是晃豁壇 Hkhonkhutan 族蒙力克 Menglig 老爹的四子，在當時的蒙古社會中，他是一個獲有軍師地位的薩滿，曾經得「告天人」的尊號。十三世紀初，鐵木眞的成吉思汗號，即爲其代傳天命的建議，由此已知其權勢甚重，因而他才能有一段弄權及離間成吉思可汗兄弟感情的事。大意是闊闊出弟兄七人，將太祖成吉思可汗弟哈撒兒打了，太祖怒責哈撒兒，因此哈撒兒三天不朝，

〔註238〕見《祕史》，第一二一節。

闊闊出乘機挑撥說：神旨要哈撒兒也管百姓一次，勸鐵木眞除去哈撒兒，太祖爲之心動，幸得其母訶額侖太后訓止。而後闊闊出又欺侮太祖幼弟斡赤斤，由皇后孛兒帖的哭諫，始得太祖允許，以力士三人扼斃闊闊出。〔註239〕

這一段史料中可看出闊闊出這個薩滿，在成吉思可汗朝中的地位權勢，幾乎使可汗鑄成錯誤。

（3）拖雷的代窩闊台可汗之死

事在免兒年（西元 1231 年），窩闊台可汗征伐金國時，半途患病，昏憒失音，於是命薩滿（師公）卜巫降神，結果是金國的諸神作崇，許以人民財物以禳之，不從而病愈重，惟以親人代死方可，於是在可汗跟前的拖雷，自禱後，喝了師公的咒水而亡。〔註240〕

那時蒙古人信仰薩滿的諸神，且不論這或有政治陰謀在內，但知薩滿深得蒙古可汗的信任則是毫無疑問，若欲用之政治陰謀之中，更是顯而易見可收宏效。

四、信仰薩滿所崇奉的對象及其習尚

這裏所要討論的，是將蒙古社會的風俗習俗也併同歸入，因爲所習尚的與其所信仰的，應是相關而不可分。一個地區或民族的信仰，幾乎全是其風俗習尚的來源，這裏並不討論信仰影響了那些習尚，或其習尚又影響了那些信仰，只是將那一時期的信仰與習尚做一概括的說明。

十二至十三世紀中期以前的蒙古社會，信仰薩滿的情形已如上述，即使至忽必烈可汗以後，雖然佛教漸佔以往薩滿的優勢，但這情形只是在貴族及朝廷較爲明顯，然一般平民百姓，仍多崇奉薩滿的信仰及習尚。而後到阿拉坦、固始汗等的篤信佛教，薩滿似已絕跡，其實時至今日，我們仍可看見民間許多的薩滿遺留，這也是不辯自明的事實。

（一）世界觀與對天地的崇拜

薩滿稱宇宙爲 Yertinchü。而宇宙世界有三：上界是美好純善的世界，其主宰爲 Khairkhan。中界是有災難但可解脫的人界，並沒有指出一定的主宰者，除非是受天命來做人界的主宰，同時又有許多的 ejed，Loos，nibdagh，Shibdagh

---

〔註239〕見《祕史》，二四四節～二四六節。
〔註240〕見《祕史》，二七二節。《元史》，卷一一五，〈睿宗傳〉所載略有出入，可參看之，見頁 3 下。

等神靈在中界。下界則爲黑暗痛苦之界，其主宰爲 Erleg-in Khan；而在中、下界之間有一幽冥界，爲人死後必往之煉獄。薩滿以天爲父，地爲母，先有上、下界，後有中間的人界。

在蒙古草原對天的崇拜，有很悠久的歷史，最早文字上的記載，可以上溯至匈奴時期：

五月大會龍城，祭其先天地鬼神。〔註241〕

常以正月、五月、九月戊日祭天神。〔註242〕

不止是薩滿，蒙人都信仰天 Tenggeri，以爲是至高無上的權威。因之，其人格化的天有許多，又以「長生天」Mongke Tenggeri 爲一切福禍、生命的來源，這在民間稱之爲「至高天」Odghan Tenggeri，爲一切力量的總源，由天給予命運 Jiyagha，奉天承運，始能受天命而王人界。在長生天之下的諸天 Tenggeris，共有九十九天，如 odon ula'an、chikilglan、odon Jiyanghan、Khan、Boe、Noyan 等等，每個天都有其名稱及職權。在蒙文的史料中，常常可見長生天之名，而大汗們在所發表的文告中，起首常用「在天地的氣力裏」，《黑韃事略》中記：

其常談，必曰托著長生天底氣力，皇帝底福蔭。彼所欲爲之事，則曰天教恁地；人所已爲之事，則曰天識者。無一事不歸之天，自韃主至其民無不然。〔註243〕

蒙古人對於天的崇拜是絕對的，死後能到長生天去，是最後的歸宿，也是最大的幸福，而路途遙遠，非得孛額領路，《元史》中說：

凡宮車晏駕……輿車……前行用蒙古巫媼一人，衣新衣、騎馬、牽馬一匹，以黃金飾鞍彎，籠以納失失，謂之金靈馬。〔註244〕

就是這種習俗的描寫。至於在西方研究蒙古史方面的，及旅行於東方者，也可以找出一些記載的資料。

阿美尼亞史家 Kirakos 曾爲蒙人所俘，應對蒙人習俗和信仰有所瞭解。他說：「韃靼（指蒙人）不信何種宗教，可是在任何時候，口中不離上帝之名，他們說他們的君主與上帝相等，上帝治天，可汗治地。」〔註245〕

〔註241〕《前漢書》，卷九四，列傳第六四上，〈匈奴上〉，頁7上、下。
〔註242〕《後漢書》，卷八九，列傳七九，〈南匈奴〉，頁4下。
〔註243〕見《黑韃事略》，頁488。
〔註244〕《元史》，卷七七，志第廿七，〈祭祀六〉，國俗舊禮條，頁17下。《元史紀事本末》，卷九，郊儀條有「先是國俗代有拜天之靈」，見頁49。
〔註245〕見格魯塞 P, Grousset 的《蒙古史略》馮承鈞譯本，頁46，註28所引。

　　格魯塞 Grousset 亦說：「從前蒙古人對宗教似很折衷……其主要神明Tangri 或 Tagri，質言之，中國人所稱之天。」〔註246〕

　　《馬可波羅行紀》中記載：「其教信有一最高天神之存在，逐日焚香祀之，求其保祐。」〔註247〕

　　對於地的信仰崇奉，如同對天一樣：「在天地的氣力裏」，可見地也是次於天的神靈，《馬可波羅行記》中說：「彼等有神，名稱納赤該 Nacigay，謂之地神。」〔註248〕天地往往是放在一起，對之共同敬畏。

　　《蒙韃備錄》載：「其俗最敬天地，每事必稱天，聞雷聲則恐懼，不敢行，師曰：天叫也。」〔註249〕可見敬天地，又畏雷，以為雷聲是天叫。

　　由這些資料中，知道蒙人的信仰崇拜天地，雖然我們發現世上大部份信仰中，對天地都是有著最高的崇拜，各民族地區對天地的解釋及涵義或有出入，但可說皆是以敬畏天地，以其為萬有之總源，這裏大致不錯；游牧的、農業的文化裏，這也是相同之點。

（二）對諸神的信仰及圖騰崇拜

　　薩滿信仰是泛靈信仰，因此，他們對天地、山川、風雨、動植物，都認為是有神靈存在。地 Etugen 與女薩滿有關，這與中國的農業文化部份有相似之處，農業文化中以乾為天，主陽，以坤為地，主陰，正如同薩滿對天地的觀念一樣，以天地為萬物之母。

　　太陽受到崇敬，這也是許多游牧民族的共同習俗，例如突厥：「可汗恒處於都斤山，牙帳東開，蓋敬日之所出也。每歲率諸貴人祭其先窟……祭天神……夏言地神也……大抵與匈奴同俗。」〔註250〕

　　這裏可以同時看到敬日、祭祖、敬天地神等。而在《祕史》中也記有成吉思可汗面向太陽的祈禱，〔註251〕即如現在蒙人的習俗，在新年晨起之時，必向日出之處膜拜，所居之蒙古包，亦門開同日出之東方。《多桑蒙古史》如此說著：

　　　　韃靼民族之信仰與迷信，與亞洲北部之其他游牧民族或野蠻民族

〔註246〕同前書，頁 51，註 4。
〔註247〕《馬可波羅行紀》，頁 249。
〔註248〕同前書，頁 246，其註 1。
〔註249〕同註 231，頁 454。
〔註250〕見《北史》，卷九九，列傳第八七，〈突厥傳〉。頁 4 下、5 上。
〔註251〕見《祕史》，頁一〇三節。

> 大都相類，皆承認有一主宰，與天合名之曰騰格里，崇拜日月山
> 河五行之屬，出帳向南，對日跪拜。〔註252〕

這也是記載著對天地日月等的崇拜。《祕史》中又有四月十六日是「紅日圓滿
的日子」Khula'an tergel edur，大概就是指日月的日子或祭祀之日。〔註253〕對
山的信仰，先是成吉思可汗在不兒罕 Burkhan 山避難，因之祭山，並令世世代
代永祀不絕。〔註254〕因之，有時蒙人稱山為皇帝 Khan，喻其崇高偉大，山上
多半為山神 nibdagh shibdagh 所居之地。對河流湖泊倍有崇敬，稱斡難河為斡
難額客 eke，喻此河仁慈似母 eke，又稱塩池為母親 eej。

對火的崇拜極為重視，以為火是聖潔的，可去邪惡、不潔，若在各國的
使節謁見大汗時，必由二火堆間行過以除邪；婚喪禮亦要跨火除邪。在成吉
思汗的法典中，不允許人在火的灰燼中撒尿，〔註255〕諸天中的可汗天 Khaghan
Tenggni 即為火神的所居地。而每個蒙人家庭皆有其火神靈魂的所在，即「火
架」gholomta，要維持這個象徵全家脈命的火架；〔註256〕但蒙人的祭火，是
絕對不同於農業民族的祭灶神。

各個地方有各地的神祇，以保衛自己的鄉土，可以作祟危害侵入的敵人，
如在前面所說過的。如窩闊台可汗攻金時，金國的地方神祇使之久病不癒的
一種說法即是，這說明蒙古人當時對地方神的觀念，好似農業民族的「土地
公」這一類的地方上神祇。

祭天和祭祖先 de'edus yekes 用「主格黎」Jugeli 之禮，這是以竿懸肉的蒙
古傳統方式。〔註257〕還有用「土列食」Tuleshi——「燒飯」——之禮祭祖和
死人。〔註258〕祭祖是相當受重視，若在祭祖的儀式中被除名，即等於開除族
籍，不再受到本族的保護和享有任何利益，幼年時的成吉思可汗兄弟們，和

〔註252〕同註237。
〔註253〕《祕史》：「正當夏季第一個月（四月）的第十六日，紅日圓滿的時候，泰
　　　　亦赤兀惕人們都聚會在斡難河岸上做筵會」，並註2中札奇師說：「意謂是
　　　　日太陽既紅且圓，月亦正圓。孟夏四月十六日，祕史一再特別記載，足證
　　　　不是一個平凡的日子。很可能是塞外的清明節，或是一個重要祭祖的日子。」
〔註254〕《祕史》第一○三節，記載三種篾兒乞惕人來襲時，鐵木真奔往不峏罕山避
　　　　難，而後捶胸告天，起誓要後代永祀不絕。
〔註255〕同註237，第十章，頁161。
〔註256〕見《祕史》，第七七節。
〔註257〕同前，第四三節。
〔註258〕同前，第七十節。

他的寡母就受到這種遭遇；〔註259〕這類似歐洲中古時期，被教會「除名」的情況一樣，是很嚴重的處分。

圖騰諸神的崇拜，爲許多民族所共同有過，蒙人以爲動物的神靈代表著某些力量的存在，《祕史》中的蒼狼 Bordo-Chino-a 白鹿 Kho'a-maral，爲中西研究蒙古史者所熟知的，有時也以動物爲其部族落名；如 Kere-yid 族 Kere 爲烏鴉之意，也有以之爲名；如不花 Bukha 意爲牡牛，其他對於鴻鳥、夜鶯、黃鼠狼等都有崇拜。

其餘蒙人崇奉的諸神，有福神 Khutughud，獵神 Nimdughu，軍神或守護神 Sulde，人魂 Sunisu 等等。〔註260〕

（三）對顏色、數字、方向等的觀念

以白色爲吉祥，以黑色爲凶邪，以右爲上、色白，以左爲下，色黑，故正月爲白月，而喪禮時服黑。在飲食中亦以白色的牛乳爲貴，而以日常生活中尤易看出。《馬可波羅行紀》中所說：

> 其新年確始於陽曆二月……是日，依俗大汗及其一切臣民皆衣白
> 袍，至使男女老少衣皆白色，蓋其似以白衣爲吉服，所以元旦服之，
> 俾此新年全年獲福……臣民互相饋贈白色之物〔註261〕

這是蒙人色尙白最好的寫照，雖然這是在十三世紀中期忽必烈可汗時，但這種尙白的觀念實爲其傳統之風俗〔註262〕《祕史》中也記載成吉思可汗要兀孫老人白衣、白馬，以示極高之崇敬。〔註263〕其次蒙古又重藍色，以象徵長生、永久之意，故有「藍色蒙古」Küke Mongghol 之名。

在數字中，以奇數爲祥，雙數則不祥；這適與農業民族相反。而最高最大者爲九，《祕史》中常見到可汗賜予人的最高榮譽，有犯罪九次不罰的記載，可以知道「尙九」也是一傳統的觀念。〔註264〕剌木學說：「此外有一風俗，凡諸

〔註259〕同前，第七十～七五節。

〔註260〕同註213，頁264～265。

〔註261〕《馬可波羅行紀》，第二卷，第八七章，頁356。

〔註262〕同前書，頁358，註2說：「今蒙古人尙名正月曰白月，忽必烈宮廷新年服白衣事，純爲一種蒙古風俗」。《輟耕錄》，卷一，頁32，有「白道子」條言此風俗。札奇師〈邊疆宗教講義〉中，亦指出「尙白爲蒙人傳統之風俗也」。《新元史》，卷一百廿七，列傳第廿四，〈耶律楚材傳〉亦有國俗尙白之語。見頁2下。

〔註263〕見《祕史》，第二一六節。

〔註264〕可參見《祕史》，第二○五、二一一、二一四等節。

州之進貢品於大汗者，必須進呈九數之九倍。……金帛銀錠之數亦然」。〔註265〕
蒙古社會中，諸天以「九天」yesun Tenggri 為最祥，若九加上白，則為最崇高
無比的吉祥和敬意，故有「九白之貢」的說法。而奇數中，唯以七在北斗星中
是不祥的。

至於方向，因蒙古崇拜日，因之對日出之東方為崇敬，年節慶典，皆首
先禮拜東方。這似乎也是游牧民族的傳統。

大體說來，蒙古傳統的信仰與其習尚一致，一處的居民，或民族，在其
生活空間中，必然和其周遭的環境有著一體的感覺。如同海島的居民對海洋
的浩瀚，產生崇敬的信仰；山嶺的居民，對崇山峻嶺也會發生敬意；那麼在
北亞蒙古草原的民族言，有森林、有水草、天空遼闊，自然界的風雨水草，
更直接與其生活有著密切的關連，這些由他們的信仰中不難看出來。

五、薩滿與蒙古社會

在此為本節所討論者，作一結論，同時也列出當時蒙古社會中，對信仰
上的幾個特點：

（1）我們若以廣泛的眼光來看，凡屬於原始宗教的泛靈信仰，它不止是
　　　存在於北亞的游牧民族，尚可包括東、南亞、南、北美洲、歐洲各
　　　地。研究它的人，看法大致相同。〔註266〕

（2）薩滿的地位在當時極高，他們在社會結構中的身份應是屬貴族階
　　　層。在氏族時代，祭政不分的制度中，有的氏族由氏族長執行祭祀，
　　　有的氏族另有孛額（師公）來執行祭祀，有的氏族長本身就是地位
　　　較高的孛額，這個孛額的尊稱則是史料中常見的「別乞」Beki。就
　　　中以前二種情形較為普遍，第三種情形則較少，豁兒赤與兀孫老人
　　　都屬於這第三類型。然而在西北林木中百姓裏，孛額的勢力則更為
　　　強大。〔註267〕

「別乞」的解釋，應為當時蒙古社會中通用尊稱的一種，在祕史中有此
一稱號的人有三：一為長子，二為薩滿的領袖，三為可汗的女兒。〔註268〕伯

〔註265〕見《馬可波羅行紀》，頁 358。
〔註266〕見 Mircea Eliade, SHAMANISM, Bollingen Foundation; New York, 1964
〔註267〕見註 213 書，頁 262。
〔註268〕見《祕史》，第四九節，註 2。

希和對於這個字也有討論過，並以為「別乞」或是宰相之意。〔註269〕總之，這個字可以代表蒙古社會中的上層階級，大致不錯。

（3）薩滿的信仰範圍甚廣，是當時蒙古社會中最具信徒的古老宗教，除了許多有他們自己特殊的看法而外，也有不少的信仰習俗與其他民族相同，只是在儀式上、名稱上不同耳，意義仍是一樣，例如說「燒飯」──「土列食」──這是祭祀先人的禮，資料中也有幾則可參看：

《續資治通鑑長編》說契丹之俗：

> 朔望節，忌辰日，輒置祭，築台高踰丈，以盒焚食，謂之燒飯〔註270〕

《三朝北盟會編》載：

> 女眞死者埋之，而無棺槨，貴者生焚所寵奴婢，所用鞍馬、衣物以殉之，所有祭祀飯食等物盡焚之，謂之燒飯〔註271〕

《觀堂集林》言：

> 燒飯本契丹、女眞舊俗，亦遼金時通語……此俗不自遼金始，王沈《魏書》烏桓葬俗，即有取死者所乘鞍馬衣物皆燒而送之，然燒飯之名始自遼金〔註272〕

《後漢書》載：

> 烏桓……俗貴兵死，斂屍以棺……并取死者所乘馬、衣物，皆燒而送之。〔註273〕

祖先崇拜是東方人共同的觀念，蒙古人至今仍未衰，可見這也是他們古老的傳統。〔註274〕

（4）蒙古十二、三世紀的薩滿教，其勢極甚，後來隨蒙古帝國的擴大，基督教、回教、佛教都相繼進入蒙古的社會，而薩滿教的本身，由於理論上的缺欠，遂退為民間的信仰，廟堂之中不再有其盛勢。元亡之後，這些外來宗教又消失，衰退的薩滿教又復為蒙古社會中普遍的信仰。直到十六世紀七十年代，西藏的佛教再度成為蒙古的國教，薩滿始一蹶不振；雖然現今仍有

〔註269〕見伯希和等著，馮承鈞譯，《西域南海史地考證譯叢》，第三編，頁45～48。
〔註270〕見李燾，《續資治通鑑長編》（臺北：世界，民國53年），卷一百十，頁9。
〔註271〕見徐孟莘，《三朝北盟會編》（臺北：文海，民國51年），卷三，頁4。
〔註272〕見王國維，《觀堂集林》，卷十六，史林八，〈蒙古札記〉，燒飯條。《王觀堂先生全集》（臺北：文華，民國57年），第二冊，頁793。
〔註273〕《後漢書》，卷九十，列傳八十，〈烏桓〉，頁2上。
〔註274〕見註213，頁265。

其殘留的餘緒，卻不再是蒙古社會中公認的正式宗教。但是對於信仰習俗上，仍一往如昔，只不過都披上了佛教的外衣，喇嘛替代了孛額，而諸神們也成爲其護法。〔註275〕

（5）蒙古當時的社會中，並不偏於任何宗教信仰。《多桑史》上說：

　　成吉思汗命其後裔切勿偏重何種宗教，應對各教之人待遇平等。成
　　吉思汗認爲奉祀之神道與夫崇拜之方法毫無關係。〔註276〕

薩滿信仰是泛靈的多神論，它不具有宗教的排斥性，養成社會中對於其它宗教的容忍和尊重，只要他們不反對可汗和他的帝國，所有的宗教都受保護。長春眞人對成吉思可汗的「雪山講道」，可以說是眾人所熟知的，這是代表蒙古社會的領導者對於他教的禮遇，也可以說是薩滿教的精神和本質。

〔註275〕見註213，頁264。
〔註276〕見《多桑蒙古史》，第十章，頁162。

第四章　社會的價值系統、人格及階層結構

第一節　價值觀

　　討論蒙古游牧社會的一元社會，視其人格的構成，我們就大略可知其文化模式的形態。我們先看其社會中幾個重要的價值觀念，就可知其人格構成所受的影響。

一、重視傳統

　　游牧社會都有他們自己的一套傳統，這是他們在大草原中世世代代的生聚習俗，不論是在氏族的結構上、婚姻、經濟觀念、軍政制度、宗教信仰上，都有著他們自己獨特的傳統，擴大到整個草原的游牧民族來看，也多半是如此。這顯示出其社會也是重視傳統，在前面各章節中可以看出，蒙古社會保留的許多傳統觀念和制度，這也是對其人格構成與文化模式影響的深邃。

二、英雄崇拜

　　在大草原中生活，能夠有成就的人，就是成為英雄式的人物，一般的觀察英雄人物，主要的在於氏族中成長，生活中的一切所需，都得要努力去爭取，從這個簡單的動機中滋長。由於早期又無制度化的途徑可以達到這個目的，逐漸漸發展成個人主義的英雄人格。在蒙古社會中，最顯著的例子是使我們聯想到的一些人名，如「射手」或「善射者」（篾兒干）、「力士」（孛闊）、「勇士」（把阿秃兒）、「智者」（薛禪）等，尤其是「勇士」，得到這個名號

的人最多,這些勇士都是英雄式的人物,而我們也知道,凡是被推爲氏族長
的都具有不凡的名號。成吉思可汗少年時就英勇非凡,他的伴當孛斡兒出也
是英雄人物,在闊亦田之戰後,者別極受可汗的賞賜,固然是因爲者別的忠
誠,但可以說是可汗欣賞他的英勇。〔註1〕在可汗與王汗對戰之時,曾收服
了合答黑,可汗也是欣賞他的忠誠與英勇。〔註2〕最有意思的,是《祕史》
中描寫者別、忽必來、者勒篾、速別額台四人的勇猛如獒犬,〔註3〕都再再
說明了當時社會中極富英雄崇拜的這一觀念。是英雄勇士,就能獲取獸類,
能保護自己和族人,也能戰勝敵人獲得更多的財產,他給人們一種「能力的
標幟」,一般人覺得只要依附於他就能獲利。而英雄之間若能結爲伴當,對
彼此都有莫大的好處,英雄人物也需要百姓的擁護,才能易於達成目標,接
受擁護的唯一方式則又是要成爲英雄人物,使百姓們覺得有安全感,又有利
益可得,忽圖剌的繼任可汗,蒙古人歡欣喜悅也正是這種「喜得賢主」的心
理。〔註4〕而蒙古的世選制度,也多半是基於這一個傳統的價值觀念。

三、主從關係

蒙古社會中雖然是有主從之別,但其間的差距與意義並非如一般所言的
絕對主奴關係,這由呈現在生活之中的情趣與格調可以知道。他們維持這一
名份,但不嚴格地暴露出主人與奴僕的常態,主從之間有限的義務反小於其
間的權利關係。領主與隸民們相差不太多的生活,而其格調又完全一致,這
是個較特異的社會結構,物拉底速爾卓夫也相當地贊同這一點。〔註5〕

其主從的名份上却極爲重視,例如前面提到的,可汗赦免王汗的戰將合
苔黑之死,「合答里說:『我於正主,不忍教拿去殺了,所以戰了三日,欲教
他走的遠著』太祖說:『不肯背棄他的主人,豈不是丈夫,可以做伴當』遂不
殺」。〔註6〕又當札木合被其五個伴當拿了,送於可汗,可汗反把這些背棄正
主的人並子孫典刑了。〔註7〕納牙阿父子不忍背棄其主塔兒忽台乞黑勒禿里,

〔註1〕見《祕史》,第一四七節。
〔註2〕見《祕史》,第一八五節。合答黑本來就是有「勇士」頭銜的英雄人物。
〔註3〕見《祕史》,一九五、一九六節。
〔註4〕見《祕史》,五七節。
〔註5〕見張興唐、烏占坤合譯,《蒙古社會制度史》,第一章,頁42。
〔註6〕見同註2。
〔註7〕見《祕史》,第二百節。

而放走了他，受到可汗的讚賞，重用納牙阿以爲中軍萬戶。〔註8〕闊闊出背叛
其主桑昆，結果投奔可汗時，反爲可汗所殺。〔註9〕這些例子都表示出對主從
名份的維持，也正因此使蒙古人都有忠誠這一人格的認同。

四、經濟利益

　　蒙古社會常常有掠奪爭戰的情形，主要地是爲補充其生活的必需品。十
三世紀以前的戰爭，經濟色彩較政治色彩濃厚，由於游牧民族社會結構的特
殊，和其對土地、經濟觀念的不同，他們之間的戰爭往往沒有攻略城池侵佔
土地的動機，只有經濟利益的引誘；即如是對南方農業民族也是如此。戰爭
勝利，就是北方游牧民族向中原農業民族獲得物資供應的唯一有效手段。

　　經濟利益是他們大部活動最根本的動機，氏族在一起游牧，就是爲彼此
合作與照應大家的生活，不論是對自然和人爲，都易於使生活有自衛能力，
再進而求得物資供應的充裕。戰爭掠奪更是爲著經濟上利益的獲得，戰後要
分產來增加個人與全氏族的財產。

　　游牧民族的重視馬，也正是因爲馬能給他們帶來許多方便與財產，借著
馬以保護自己的生命與財產，也借著它來搶掠他人的財產。在蒙古社會中以
燒草皮爲國禁，〔註10〕足證對於牧草之地極爲重視，這也是因其經濟基礎完
全建立在草地上的原因。

　　窩闊台繼立汗位初的新政，多半在於傳統的經濟利益價值方面，再加以
組織，使略具制度化的規模，訂立簡單的賦斂、管理放牧、治理牧地、教掘
水井、設糧食、設驛站等。〔註11〕在十三世紀中期以前，蒙古社會仍是經濟
色彩較重於政治色彩，我們再參看幾則史料：

　　《元史》記載成吉思可汗對西夏的作戰：

　　　　四年己已春……帝入河西，夏主李安全遣其世子來戰，敗之。……，
　　　　薄中興府，引河水灌之。堤決，水外漬，遂撤圍還。遣太傅訛答入
　　　　中興，招諭夏主。夏主納女請和。〔註12〕

　　《祕史》中也記載此事，且詳細：

〔註 8〕見《祕史》，二二〇節。
〔註 9〕見《祕史》，一八八節。
〔註10〕見《黑韃事略》上所記：「其國禁，草生而闢地者，遺火而熱草者，誅其家。」
　　　　《蒙古史料四種》，頁 496。
〔註11〕見《祕史》，二七九、二八〇節。
〔註12〕見《元史》，卷一，本紀第一，〈太祖〉，頁 14 下。

從那裏（成吉思可汗）又上馬往征合申（河西，即西夏）。兵到後，合申主不兒罕就投降了。並說：「願作你（可汗）的右手，給出氣力。」說罷就把女兒察合，送給成吉思可汗。不兒罕又說：「俺聽得成吉思可汗的聲名，使人敬畏。如今你親身蒞臨，威靈益著。我們唐兀惕人願仗威靈，給你做右手，出氣力……。」又奏請說：「但咱們本是城廓內住慣的百姓，定居已久。若有緊急征討的事情，怕不能疾速行事；衝鋒廝殺時不能疾速去廝殺。倘蒙恩典，我們唐兀惕人，願把蓆棘草中生長的許多駱駝、毛絨織成的各種緞匹，調養有素的鷹鷂，經常呈獻給可汗。」說罷，實踐前言，遂將本國的駱駝從百姓那裏科斂徵集。直到（多得）都趕逐不動送來了。〔註13〕

西元1214年，成吉思可汗破金，圍困燕京，《元史》中記載：

九年甲戌春三月，駐蹕中都（燕京）北郊，諸將請乘勝破燕，帝不從，乃遣使諭金主曰：「汝山東、河北郡縣悉爲我有，汝所守，惟燕京耳，天即弱汝，我復迫汝於險，天其謂我何？我今還軍，汝不能犒師以弭我諸將之怒耶？」金主遂遣使求和，奉衛紹王女岐國公主及金帛、童男女五百，馬三千以獻，仍遣其丞相完顏福興送帝出居庸。〔註14〕

《祕史》中也有記載這段故事：

王京（完顏）丞相對金主說：「……商談和議，希望蒙古人允和退兵。兵退後，若有別的打算，咱們那時候再從長計議。再者，聽說蒙古的軍馬不服水土，發生了瘟疫。如今若把女兒嫁給他們的可汗；拿出金子、銀子、緞匹、財物等，隆重的犒勞他們的士兵，怎能知道我們的求和不被接受呢？」金主（宣宗）說：「王京丞相說得是，咱們就這麼辦。」於是歸附了成吉思可汗。將有公主名位的女兒送來，把金、銀、緞匹、財物從中都運來，儘量讓軍人拿取。成吉思可汗因此撤退攻城的軍馬，王京丞相陪送成吉思可汗，一直送到莫州、撫州的山嘴前，纔轉身回去。我們的士兵把緞匹、財物儘力馱載，甚至用熟絹捆起來馱著走。〔註15〕

〔註13〕見《祕史》，二四九節。
〔註14〕同註12書，頁17上。
〔註15〕見《祕史》，二四八、二四九節。

蒙古的戰爭、議和，主要的是爲能取得大批財物，經濟上的目的重於政治目的。在前面也提到過的阿勒壇、忽察兒二人，就是因爲經濟上的目的未能達成，而脫離了成吉思可汗投往王汗集團。〔註16〕在前第三章第二節中，對於蒙古游牧民經濟上的活動及看法已有討論，在此指出的，就是游牧民族在傳統上的活動是較偏重於經濟的價值觀念。〔註17〕

第二節　人格構成的特性

海根 E. E. Hagen 說每一個傳統社會都是一雙元社會 dual Society，一方面它包括了村落，另一方面它包括市鎮及中心城市，前者爲廣大的農民所居住，而後者爲少數的秀異份子所佔據，〔註18〕但這種說法並不適用於游牧社會。游牧社會中，他們只有氏族或部落群的游牧，也就是單純而不與其他異質社會融合之前的游牧社會。早期的蒙古社會，只看到在廣大的草原中，有著「愛里」或「庫里延」方式生活的社會，在第二章中已做過討論，係以氏族爲中心的方式，形成他們的社會，而在氏族分化後形成的大型集團社會，也是以這種方式爲精神的集體生活。或者我們可以說，只有草原的貴族與平民二者稍有差距，這種差距最多是在經濟上的需求關係略有不同外，不論是貴族平民，他們對於生活都要付出同等的努力，生活方式也都相當。早一點的蒙古社會，被視爲富人的貴族，只不過是擁有一個年青的用人（家僕）和兩匹好騸馬而已；〔註19〕這表示富人的生活較爲方便一點，恐怕他本人也並非是不事生產，只享受生活的人。不論是貴族、平民，他的生活格調、行爲模式、和文化情趣上都是相同的，尤其是在早期的氏族或家族游牧時，富人也好，氏族長也好，他們和隸民、平民之間，都有爲共同生活所需的努力，所得的利益也是爲著自己和集體的，其間是渾然一體相通而不相隔。

前面所討論過氏族內各階層的角色和功能關係，這都是使我們了解蒙古社會有著他們自己的社會組織和傳統，對於海根所述的傳統社會，在原則上也可以適用的是「假如一個社會的行爲方式，代代相因而少改變，那麼這就

〔註16〕見《祕史》，一五三、一七九節。
〔註17〕札奇師對此點有專書討論。可參見《北亞游牧民族與中原農業民族間的和平戰爭與貿易之關係》（臺北：正中，民國62年）。
〔註18〕見 E. E. Hagen; On the theory of Social Change. p. p58-60。
〔註19〕見《祕史》，第三節，及其註5。

是一傳統的社會。在此社會中，傳統主義色彩極著，其他特徵亦可見。行爲受習俗而非法律所支配，社會結構是有階層性的 hierarchical，個人在社會中之地位通常爲傳襲的 inherited，而非獲得的 achieved。且就世界歷史而言，在這傳統狀態之下，經濟的生產力是很底的。故簡言之，一個傳統的社會是：習俗支配 custom-bound 階級性，身份取向性 ascriptive 及非生產性 unproductive. 的。」〔註20〕由於這些特徵在各社會間的程度與範圍相差有距，而影響及型式之異，游牧型的社會大致上是相類似的。在我們前面的討論之中，往往也不只一次的上溯同屬游牧社會的形態和例證，本章節中，就是要對這個游牧傳統的蒙古社會，再做一次特性的探討。

　　人格構成與前節的社會價值系統，應在民族社會學中來討論，本文只就廣泛的觀察，對其價值觀念所影響的人格，約略爲數點來說明之：

一、敬天崇祖

　　敬畏天及祖先們，在其宗教信仰中有明顯的觀念，這是蒙古社會的傳統人格，我們看《祕史》中常常提到說誰是誰的祖先，這一則表明所出，一則表示其敬念祖先的傳統。

二、母性威權

　　在《祕史》中記載阿蘭豁阿折箭訓子的故事，以及訶額侖夫人訓戒鐵木眞兄弟的事，〔註21〕這是游牧民族傳統的一種傳說故事，可看出作爲母親的女性是有其威權。當野心的薩滿領袖闊闊出離間成吉思可汗兄弟，幾乎造成兄弟鬩牆的慘劇，幸訶額侖太后的訓斥才止，〔註22〕這也是母性的威權一例。《祕史》中又常見到訶額侖太后協助鐵木眞建國的事跡，也可供參考。

三、尊老重古

　　一般說來，在游牧社會之中都被認爲有賤老的傳統，《蒙韃備錄》上說：「韃人賤老而喜壯」，〔註23〕這類的說法在資料中甚多，其實，這也只是在比較上而言，游牧社會是比較農業社會要輕視老人，但也並非是絕對的賤老。在《祕史》中常常記載尊敬老人長輩的事，如察剌合老人、蒙力克老爹、兀

〔註20〕同註18書，頁56。
〔註21〕見《祕史》，第十九～廿二節，及七八節。
〔註22〕見《祕史》，二四四節。
〔註23〕見《蒙韃備錄》，風俗條。王國維箋註本，《蒙古史料四種》，頁451。

孫老人、瑣兒罕失剌，德·薛禪等等。〔註24〕尊老與重古及崇祖等往往相關，
訶額侖夫訓子時也引證老人們的言語，〔註25〕鐵木眞與札木合二度結盟爲「安
荅」時，也引用老人們的話；〔註26〕這正如同農業社會中常說「古諺云」是
同等的意義，可見得蒙古社會中也並非是沒有重古的觀念。

四、忠　誠

這可由兩個方面來觀察之：

（一）「安荅」之間，在游牧社會中很重視盟兄弟及朋友之間的誠信。《元
史》中說太祖成吉思可汗約畏荅兒爲按達，「按達者，定交不易之謂也」。〔註27〕

《祕史》中說鐵木眞與札木合二度結盟爲安荅時「聽得在前的老人們說：
『但凡做安荅呵，便是一個性命一般，彼此不得互相捨棄；要互做性命般的
救護者！』彼此相愛的道理，應該是如此。如今再度重申安荅的友誼，（咱們）
要相親相愛！」並且易物爲紀念品。〔註28〕

可見「安荅」有通財、共生死之意，如同生死兄弟的結拜，即如後來札
木合與成吉思可汗爲敵，但札木合因爲是可汗的「安荅」之故，得受到不流
血而死的光榮。〔註29〕可汗的父親，也速該勇士也曾與王汗爲「安荅」，也速
該爲盡「安荅」之義，幫助王汗甚大，〔註30〕可見得「安荅」之間的忠誠是
極受當時的重視。

「安荅」之交，以易物爲訂交條件，這是契丹之舊俗，〔註31〕參看遼聖
宗與耶律斜軫在太后面前易弓矢馬鞍爲友，〔註32〕又與麻都骨，以世勳而易
衣馬爲好，〔註33〕與夷离畢兵部尚書蕭榮寧爲友，以重君臣之好〔註34〕可見
得這是種盛行於游牧民族之間的習俗。

〔註24〕見《祕史》，一〇四、二一六、二一九、一四六等節。
〔註25〕見《祕史》，七八節。
〔註26〕見《祕史》，一一七節。
〔註27〕《元史》，卷一二一，列傳第八，〈畏荅兒〉，頁 14 上。
〔註28〕同註25。
〔註29〕見《祕史》，二〇一節。
〔註30〕詳見《祕史》，一六四節、一七七節。及《元史》卷一，本紀第一，〈太祖〉，頁 6 上。
〔註31〕見王國維，《觀堂集林》，卷十六，史林八，〈蒙古札記〉，安荅條。
〔註32〕見《遼史》，卷十，本紀第十，〈聖宗一〉，頁 5 上。
〔註33〕同前註書，本紀第十五，〈聖宗六〉，頁 10 上。
〔註34〕同前註。

　　（二）伴當與主從之間。伴當與主從關係等在前已討論過，當初相結爲伴當的與安荅的意思差不多，但伴當多半是由做朋友、伙伴、而漸成爲依附於他人的家將。我們看鐵木眞與孛斡兒出初結伴當時，彼此間的忠誠愛護。〔註35〕鐵木眞爲蒙古內部可汗時，設官分職，並對孛斡兒出與者勒篾兩人說：「『你們兩人在我除了影子以外，沒有別的伴當的時候，來給我做影子，使我心神安定……』成吉思可汗再對眾人說：『蒙天地添氣力，（神靈的）護佑，您們眾人信賴我，脫離了札木合，來助我建功立業；久後都是我吉慶的伴當。今後處處都要靠你們了！』」〔註36〕可以知道伴當之間是彼此信任，忠誠相待的。當成吉思可汗與王汗聯盟，與札木合大戰時負了重傷，者勒篾的捨身救主，使可汗深爲感動他的忠誠。〔註37〕關於主從之間的忠誠人格，除上述伴當外，尚可見到其他資料，如前節所論合荅黑、札木合的伴當、闊闊出等。

　　在蒙古早期社會中，這種忠誠的人格是可以有許多的例證，再記述一個詳細的例子來看；當成吉思可汗破泰亦赤兀惕部時，納牙阿父子曾擒獲了正在逃亡中的部長塔兒忽臺‧乞鄰勒禿黑。其父正擬向可汗獻俘的時候，其子納牙阿說：「我們拿住塔兒忽臺了，即令送到成吉思可汗那裏，必說我們拿了正主，對正主下手，成吉思可汗一向認爲：對正主下手的人，是不能倚仗的，這種人怎能作伴？一定把我們殺了。不如放他回去，即對成吉思可汗說：「我們是前來獻身與可汗效力的，本已將塔兒忽臺‧乞鄰勒禿黑拿住了；因爲他是正主，心裏不忍的緣故，又放他回去了」納牙阿說罷，他們父子就……把塔兒忽臺‧乞鄰勒禿黑放走了。後來他們謁見可汗，按以上的情形奏明後，成吉思可汗說：「塔兒忽臺是你們自己的可汗，凡是對正主下手的人，必定全族被斬。你們不忍，把自己的可汗正主放走了，倒好！」特賞納牙阿。〔註38〕再看到後來到西元1206年，可汗大封功臣時，對納牙阿的重用，要他做大中軍的萬戶。〔註39〕

五、個人主義

　　游牧氏族的社會結構較特出的，是他們以氏族爲結構的中心，氏族的領

〔註35〕見《祕史》，第九節。
〔註36〕見《祕史》，第一二五節。
〔註37〕見《祕史》，第一四五節。
〔註38〕見《祕史》，第一四九節。
〔註39〕見《祕史》，第二二〇節。

導者多係個人的成就來決定，而這個成就單純地來看，似乎只在於對全氏族生活經濟上的貢獻來決定，即如是世襲得來的氏族長也不例外。如果，繼任的氏族領導者，不能有這方面的現實成就，那麼他的身份地位就不易於被認同，或者徒具虛名；如也速該勇士死後，鐵木眞家族的受到歧視與部眾的叛離，就是一個顯明的例子。〔註40〕正因此，在當時要做領導者，就要靠著個人的努力，成吉思可汗的霸業，也正是靠著他自己的英明才幹而努力成功。這些與前節中言英雄崇拜有所關係。

在大草原中要先能自衛，生活能自足，絲毫不得依靠別人，端要賴自己本身的奮鬥，我們看史料中的記載，不難發現當時的社會中，個人主義非常濃厚。從生活所需的獲得，妻子的獲得，以至於僕人財物等都是如此。但這並不意味著在早期蒙古社會中，沒有分工的現象，只是在每個人的意識中，個人主義的色彩是強烈的。我們再從最小的範圍來看，《祕史》中記載鐵木眞與合撒兒將自己的兄弟別克帖兒殺死，〔註41〕似也可以來說明這點。

六、好交友

這一條似乎與上條衝突，實則好交友並不影響其個人主義人格的發展，要將個人的成就有效地導致顛峯，就需要結交「伴當」來達成。

我們知道伴當的結交多半都是以個人身份來呈現，要想達到彼此的目的，必須共同的合作，在草原中每個人都想在生活上獲得較多的利益，這是不可否認的事實。個人的發展，以伴當的合作是較易於達到，這也是蒙古社會的開放性人格，他們在生活的努力上，並不因循怠惰，並不傾向於孤立，也不以血緣關係屏棄建立共同的生活，是種具有豪放、開朗的性格，這也應是其生態環境的影響；成吉思可汗與他的老伴當孛斡兒出，他們的結交正是最好的寫照。〔註42〕伴當和安荅都是基於這種人格的呈現於早期蒙古社會之中。

七、富戰鬥性

這是游牧民族的傳統人格，一般來看，就是「尙武精神」。這些與前節中言英雄崇拜有所關係。從匈奴開始，馳騁於大草原中的民族，沒有不具有戰鬥性，主要是因爲游牧，這種生活的自然環境、畜牧、狩獵、以及別的民族

〔註40〕見《祕史》，第七十～七五節。
〔註41〕見《祕史》，第七六～七七節。
〔註42〕見《祕史》，第九十～九三節。

的侵奪等等，為應付這些挑戰，養成他們高度的戰鬥性。前文已述及蒙古時
的軍事體系，都是這種人格最明顯的表現，再加上他們極為重視的馬，使得
這個戰鬥性發揮了機動的極致，以現在來說，應該是「機械化部隊」。我們再
看幾則史料：

> 韃人生長鞍馬間，人自習戰，自春徂冬，旦旦逐獵，乃其生涯，故
> 無步卒，悉是騎軍。〔註43〕

> 其騎射，則孩提時繩束以板，絡之馬上，隨母出入。三歲以索維之
> 鞍，俾手有所執，從眾馳騁。四、五歲則挾小弓短矢。及其長也，
> 四時業田獵。〔註44〕

> 其破敵，則登高眺遠，先相地勢，察敵情偽，專務乘亂。故交鋒之
> 始，每以騎隊徑突敵陣，一衝縷動，則不論眾寡，長驅直入，敵雖
> 十萬亦不能支……。〔註45〕

其他有關資料都可見許多這類的尚武精神，在此不贅述。我們可以看出，在
蒙古社會中，從幼小時候，就養成這種人格性，加之他們生活中的一切都依
靠著有戰鬥性的活動才易獲得；甚至在娛樂上也是如此。從練習騎射、圍獵，
都富有這種色彩，一則是獲得經濟物資，一則是種軍事習戰，這也是游牧民
族往往能驟然強大起來的原因。

八、現實價值取向

這是就經濟利益為出發點而形成的人格結構，這也是為什麼我們在許多
史料中，看到蒙古民族四出爭戰，掠奪財物、燒殺凶殘的原因，在他們而言，
戰爭就是獲得財產的主要有效手段，游牧民族在沒有土地野心，或者對城市
土地有興趣的念頭不發達的時期，對於這些地方的人民及城市，就覺得沒有
價值，不能隨之游牧的，也不能資以利用的，很現實地殺盡燒盡。

我們參看《多桑史》的記載：在西元1226年，成吉思可汗兵入西夏，焚
殺甚多，群臣建議殺盡漢人，使草木暢茂以為牧地，〔註46〕又記載有：「僅見
有立時之鹵獲，與其畜群之牧地而已」。但倒不是只為殺盡居民，為的是「蓋

〔註43〕見《蒙韃備錄》，頁445。
〔註44〕見前註書，頁509～510。
〔註45〕見《黑韃事略》，王國維箋註本，《蒙古史料四種》，頁498。另可參見《多桑
　　　　蒙古史》，馮承鈞譯本，第一卷，第十章，頁158～160。
〔註46〕見《多桑蒙古史》，第一卷，第九章，頁15。

蒙古兵不欲後路有居民，而使其有後顧之憂也」，〔註47〕蒙古游牧民族，四出爭戰掠奪，大概不會有前、後方的分別與顧慮，他們主要的因為只需現實的價值——經濟利益——其餘的就毫不留情。

第三節　社會之階層結構

一、一元社會

在這裏所指涉的，是游牧蒙古早期的社會，不論是被視為平民或隸民，以及貴族或可汗，他們的生活格調、行為模式都大致相同，對於一般的觀念、文化型態也都是相同的，因此，概括其社會以「一元社會」稱之，較為適宜。在農業的傳統社會中，城市的士大夫階級與鄉村的平民階級，他們的「雙元性」就很強烈，人類學家瑞德菲爾 R. Redfield 以為農村社會不是自主獨立的社會，應是一「半社會」，故農村文化實是一「半文化」，其社會結構，則為一半秀異份子與一半農民所組成。〔註48〕早期的蒙古社會中，則無如此顯明的劃分，主要的係因其生活方式的特異，所使其社會結構不同，並不能適於一般的傳統社會。

要對早期的蒙古社會有所了解，必先明白其結構中心基礎——氏族——在第三章中已做過討論，我們再看民族學家衛惠林所說：

> 氏族與世系群雖然都是建立在出自同祖 descendants from a common ancestor 的關係上……（1）同氏族內的分子間常淺視個人間的親屬關係，（2）他們只注意連繫在他們中間用以自別於外人一種神祕的象徵關係。這就是說在氏族社會中同氏族內的個人中間不注重親屬個人間之親疏遠近，只要是具有相同的圖騰或名氏者，一視同仁。甚至可以承認一部假的氏族成員在內，如 Hopi 印地安人中間，承認合法的謊言者，阿里山曹族承認養子，並可以俘虜敵之子收為養子，並准許養子建立成一個亞氏族。在氏族社會的同族分化以及異族對抗中，從不置階級區別，即使在許多部落社會重視先古氏族的特權

〔註47〕見前註，第十章，頁158。

〔註48〕R. Redfield, Peasant Society and Culture, pp. 38～40, University of Chicago Press, 1965。

地位，但此特權如沒有其他因素挾雜進去，從不會發展成階級分殊。
在原始氏族社會平等對抗的偶族，以至聯族制度，常構成一個地域
自治群結構特色。那就是平等的均衡 equali-tary equilifrum 是他們的
群間關係原則。〔註49〕

這種情況，我們發現也在蒙古社會中，成吉思可汗曾派遣使者對主兒乞人說
要共報陷害他們祖先的塔塔兒人的仇。〔註50〕收養子、並以養子的氏族也視
同自己的氏族一支，訶額侖太后所收養的四個義子，古出、闊闊出、失吉·
忽禿兒、孛羅兀勒，都成爲可汗的義兄弟，也視同自己的氏族成員。〔註51〕
在當時的社會中，並不強調階級區別，成吉思可汗的祖先們的隸民，並不因
屬隸民的名份上而處在一定的階級區別中，他們仍如同領主一般地生活，擁
有自己的成員和財產，同時在氏族分化後，他們成爲隸臣，往往也屬於貴族。
在此前，他們之間沒有其他因素夾雜進去時，是平等的均衡狀態，我們知道，
成吉思可汗的撐膳官汪古兒，就是始終在這種情形下與可汗一同游牧生活
的。〔註52〕

二、氏族的性質

氏族中的家族，很難將之劃分出來，他們有時過著「愛里」的生活，但
決不是始終保持如此，也決不會是定居來發展成農業社會式的家族。往往游
牧的家族（氏族的一部份）或氏族，與其他族共同游牧時，並不影響其在這
氏族中的發展，正如同氏族聯盟形成後的社會，每個氏族都有均衡發展的機
會。詳細一點地討論氏族，其成員也是頗爲複雜的，游牧與氏族分化，使得
家族所形成的支族，也被視同爲一獨立的氏族。我們以氏族爲社會結構的中
心來看其性質，它則具有生殖底、社會底、經濟底、教育底、政治、宗教底、
娛樂底諸多單元，就是游牧社會凝結的基本力量，每一個氏族並不由單一的
一個家族所繁衍形成。

早期蒙古的社會關係應是在個人與氏族間的關係，這就是前節中所討論
到的人格與價值系統所促成，若就部落本位和主從關係而言，仍是不能普遍

〔註49〕見衛惠林，〈論繼嗣群結構原則與血親關係範疇〉，《中央研究院民族研究所集刊》，第十八本，頁19。
〔註50〕見《祕史》，第一三三、一三六節。
〔註51〕見《祕史》，第一三八、二〇三、二一四等節。
〔註52〕見《祕史》，第二一三節。

顧慮到其社會結構，如失吉忽禿忽是塔塔兒氏族，禿羅兀勒是主兒乞氏族，而此二人仍不失受可汗的尊重，〔註53〕這就是個人超越氏族地位的顯明例子。主兒乞氏族在更早就是合不勒可汗的貴族系統，到成吉思可汗時將之收歸於自己的隸民〔註54〕這個氏族就等於消滅了，而只能以宇羅兀勒個人來代表他的主兒乞氏族。

　　就這種氏族，應該是具有怎麼樣的性質？氏族內群際之間與個人的關係又是如何？氏族內是開放的小社會，氏族分化形成的氏族聯盟，則是開放的大社會，個人有清楚的世系，但並不因之而置一定的階級，他可以以個人身份來建立與可汗之間的關係。氏族之間，不論主從關係，都有平等的均衡地位，參加圍獵、戰爭、都享有均分的權利，如同聯盟中的一個單位的自治群。

三、階層結構

　　在成吉思可汗前後時期，蒙古社會並無一定的法典規章，所具有的是馬上行國的粗淺規制，一則是他們缺乏較長久歷史的文字，一則是社會結構剛剛完成分化階段。另外的一個原因，可能是當時並不需要更複雜的制度，因此在其社會的階層結構裏，並沒有同中國農業社會一般，有所謂「儒吏」這種特殊的身份團體 Status Group，也沒有一套通往官僚王國的考試制度，固然這主要是文化模式的不同，究其原因，還在於蒙古社會有自己一套游牧的結構所致。

　　在早期的蒙古社會中，並沒有蓄意要置階級，但自然發展上的階級性也不能說完全不存在，而這階層的區分主要地應是建立在職責上，氏族長或貴族對族內的百姓要負極大的責任。簡言之，要領導他們的生活，使之能不虞匱乏，汗（可汗）與其伴當、隸臣、隸民們之間的階層關係也基於此，為求得充份的經濟生活，彼此之間乃有一定的權利與義務，並非是屬於下層的隸民，完全受上層領主的剝削和壓榨，也不是受奴役似的賣力、賣命，而其所得收獲全部用之於供養領主而受其恩賜生活。隸民有自己的「愛里」氏族共同的財產，他們也享有權利，領主要與之均分份子，要與之共同合作，以維持彼此的生活，增加彼此的財產——也是全氏的財產——。即如孟子所說：「或勞心，或勞力，勞心者治人，勞力者治於人。治於人者食人，治人者食於人。天下之通義也。」

〔註53〕見《祕史》，第二〇三、二一四節。
〔註54〕見《祕史》，第一三九節。

〔註55〕在早期的蒙古社會中，也並不能做完全相同的比喻。

在早期的蒙古社會社會就治人的領主言，不是完全的食於人，前面也說過，他仍是要如同治於人者的百姓們一樣，對於生活所需，要付出同等的努力，共同努力來獲取共同的利益，而後均分之，這是基於氏族共產制的社會特徵。甚且可作如是觀之：游牧蒙古的治者，不只是勞心的籌劃與指揮，更要勇倍於人的勞力。而顯然的，在成吉思可汗的前後時期的蒙古社會，似是較偏於勞力，幸而，他們也並不以勞心者與勞力者來作為社會政治上治者與被治者的區分基礎，實則，我們或可以視其為「文武合一」的社會治者。

除去氏、部族長，聯盟可汗之外，就治者與治於人者兩個階層來看，其身份之取得是靠成就，而非靠世系（當然也有極少的例外），這就是前面我們討論其人格與價值標準中的個人與英雄主義的浮現；任何人，能合於社會的價值標準，都易於進入治人的階層。這也是最適合其社會的一種方式，更現實，更迅速地在其階層結構中完成，在隨時接受挑戰的生活中，也是隨時考驗其才能的機會，在圍獵、戰陣時英勇敏慧，忠誠待友待主，就是被視為成就，原則上，就可以為治人者，而治人的階層也因此不易被壟斷。階層有其流動性，它也就不是完全封閉的階層社會，承襲獨佔的階層在成吉思可汗後期以後才漸發達，但治人的階層絕非因此而被獨佔壟斷。

忽必烈可汗的元帝國，初期社會中，有蒙古、色目、漢人、南人的民族階層是我們所熟知道的，這是緣由於治人與治於人的態度不同，在成吉思可汗以前的蒙古社會，可能是與異質社會接觸不深，並未發生此類明顯的事實，也可能是在此後，蒙古社會的轉變所致。

成吉思可汗的隸臣、家將都是被視為治人者的階層，雖然在初期或者他們更早的世系中，有的是屬於隸民階級，但是我們前面也討論過，他們隨時得有機會搖身變為上等階級的治人者，如掌膳的汪克兒即是。有的本身並非是可汗的隸民，地位沒有什麼差別的伴當，如孛斡兒出。更有的本身原就是治人者的階層，前來擁護成吉思可汗的，如撒察別乞。這裏再再說明成吉思可汗以前的蒙古社會，除了主從關係而外，其社會的階層結構並非是壟斷而嚴密的組織，而這個結構的向心力，在西元1206年以前也未必是極堅強、極有組織的。投奔於一個氏族聯盟，並不是整個氏族由氏族長領導全部來參加這個集團，我們看鐵木真與札木合二人分離後，各氏族部落等都分別投奔雙

〔註55〕見《孟子》（臺北：啓明，粹芬閣本，民國50年），滕文公篇上。

方，各自擁護其主的情形可知。〔註 56〕同時，當時氏族長的權威也不如想像中的大，其中除了以個人身份的之外，氏族長雖然有領導族人參加或脫離民族聯盟的權力，但不是有絕對的權威。前面也說過，當初誓言擁立鐵木眞的阿勒壇等人，在對塔塔兒作戰時，違抗氏族聯盟可汗——成吉思可汗——的軍令，私搶財物（這也看出氏族聯盟的組織，對財物也有分配方式），而被沒收，結果又投靠往王汗聯盟集團而去。在十三世紀以前的蒙古社會結構，似乎仍處在氏族自治較大的程度，氏族長的絕對權威並不大，而氏族聯盟的汗，其絕對權威也並不大。主要是治人者與治於人者的形態並不十分明確，而且其間也並無可靠有效地制度或方法來維持這種形態，大可汗固有其相當的實質權威，而其下諸汗，仍如自主的王國，正如同氏族聯盟之下的諸氏族或部族一樣，有其自治的實權。

　　成爲治人者的階層，除了循「怯薛」這一較有實效與制度的方式，照蒙古式的方法幾乎就沒有一條通往治人者這種官僚之路，游牧民族對於此，也幾乎可能都是相同的。後世蒙古帝國中四大汗國的分裂，使其政治軍事的團結力減弱許多，促成蒙古帝國的分裂與衰退，固然有其政治原因，恐怕這裏所討論的也會是一個主要的因素；也可能正因此，使北亞草原中，始終沒有一個完全統一而較持久的政權。

四、世選制度

　　游牧民族治人的這一階層，以世選制度最爲突出，前文第二章第二節及第三章第三節都曾言及，但其主要意義是在於其社會階層結構中，故在此再做進一步的分析。

　　根據姚從吾教授的研究，認爲世選制度是北方游牧民族共同的社會習慣，在姚先生的兩篇大作〈契丹君位繼承問題的分析〉和〈說遼朝契丹人的世選習慣〉中，有較詳盡的研究。〔註 57〕匈奴、烏桓、鮮卑、五胡、元魏、突厥、契丹、蒙古等，均有世官專業的習慣，漢民族也是有這習慣，但值得注意的，不是世官與專業之有無，而是各民族對世官與專業制度如何運用與如何使之成爲一種通行持久的態度，在游牧社會中，直到轉入農業漢化之後，

〔註 56〕見《祕史》，一二〇、一二二、一三〇、一四一等節。
〔註 57〕二文收於《東北史論叢》，上冊。

逐漸消失此制度。〔註58〕

蒙古社會中的世選制度與遼相同，趙翼對於遼之世選官有例證，並說：

遼代世選官之制，夫功大者世選大官，功小者世選小官，褒功而兼量才也。按遼之世選官，與元時四集賽（舊作四怯薛）相同，如穆呼哩（舊名木華黎）子孫安圖（圖名安童），哈喇哈斯（舊名哈喇哈孫）累世皆爲宰相。阿魯（舊名阿魯圖）自言：我博爾濟（舊名博爾朮）後裔，豈以丞相爲難得耶？是元時丞相，多取於四集賽之家，與遼之世選宰相，大略相同也。〔註59〕

遼的世選官是根據什麼原則？「詔世選之官，從各部耆舊，擇材能者用之」，〔註60〕這是得自先人功勳與可汗封賞的一種特權，國家重要職位與專業的職位，由其中選才任之，世及而能傳賢。而對於可汗的繼任，也是採取此種制度，但是仍得具備三個條件。〔註61〕

（1）必須是八部大人中（八部爲當時契丹人中較強大的）比較強大的一部大人，或這一部中具備世選資格的部長候選人。

（2）新被推選的大可汗，必須前任可汗的推荐或遺命。

（3）須經大聚會的擁戴。

從上面這些論點看來，確實與蒙古社會的情形相同；游牧民族多半具有共同的文化與社會，在此也可以得到明證。我們再看史料中的記載可汗之選立情形：

（1）合不勒可汗以後，「遵照合不勒可汗的話，雖然他自己有七個兒子，却把全部的蒙古交給想昆·必勒格的兒子，俺巴孩可汗治理了」。〔註62〕

（2）「俺巴孩可汗提名合荅安，忽圖剌二人的話傳到以後，全體蒙古泰亦赤兀惕人，就在斡難河的豁兒豁納·主不兒地面聚會起來，推選忽圖剌繼任可汗」。〔註63〕

（3）《多桑史》中說：「合不勒汗，曾爲蒙古諸部落一部之長……俺巴孩

〔註58〕見姚從吾，〈說遼朝契丹人的世選制度〉，《東北史論叢》，上冊。頁286。

〔註59〕見趙翼，《廿二史箚記》（臺北：世界，民國51年），卷廿七，〈遼官世選之例〉，頁368。

〔註60〕見《遼史》，卷二十，本紀第三，〈興宗三〉，頁1上。

〔註61〕同註58，頁318。

〔註62〕見《祕史》，第五二節。

〔註63〕見《祕史》，第五七節。

可汗，泰亦赤兀部之長也……俺巴孩既死……其子合丹太師與合不勒汗子忽必來汗……忽必來在諸兄弟中最爲勇，遂繼合不勒汗位……也速該把阿禿兒……因英勇……被推爲乞牙惕尼倫諸部落長。」〔註64〕

（4）柯劭忞記載：「喀布勒死，海都之孫俺巴孩繼之……俺巴孩子喀丹台實與喀布勒子虎必來，孫亦速該巴哈圖兒共議報仇攻金，虎必來以勇著爲首領。……虎必來巴而塔姆巴哈圖而有四子，三即亦速該，計約特尼倫各派奉之爲首。」〔註65〕

從上可知，在十三世紀以前蒙古可汗之產生，是例由乞顏惕和泰亦赤兀惕兩大部中挑選，前任可汗也有指定繼任人的權力，且多半有效；被指定的人也都是兩大部中英勇之士，同時也發現曾有聚會擁立可汗的記載。到十三世紀後的史料詳盡明確，對於世選可汗的記載，可以更清楚一點的明瞭，現再以窩闊台可汗被選立的情形來看：

（一）成吉思可汗的選立嗣君

《祕史》中記載西元1218年，成吉思可汗徵調大軍，西征花剌子模時，諸事皆備，唯承繼大汗之人選未定，而後採納也逐夫人之議而立嗣君：

> 臨行時，也逐夫人說：「可汗涉歷山川，遠去征戰。若一旦倘有不諱呵，四子內命誰爲主？可令眾人先知！」成吉思可汗說：「也遂娘子說得是。這等言語，兄弟、兒子、并孛斡兒出、木華黎等都不曾提說；我也忘了。」於是問朮赤：「我子內，你是最長的，說甚麼？」朮赤未對。察哈台說：「他是篾兒乞種帶來的，俺如何教他管！」纔說罷，朮赤將察哈台衣領揪住說：「父親不曾分揀，你敢如此說！你除剛硬再有何技能……」兄弟各將衣領揪住。孛斡兒出、木華黎二人解勸。成吉思可汗默坐間，闊闊搠思說：「察哈台你爲甚忙！可汗見指望你。當你未生時，天下擾攘，互相攻劫，人不安生！所以你賢明的母親，不幸被虜。若你如此說，豈不傷著你母親的心。……」成吉思可汗說：「今後不可如此說！」察哈台說：「諸子中我與朮赤最長。願與父親并出氣力。窩闊台敦厚，可奉教訓。」於是成吉思汗再問朮赤。朮赤說：「察哈台已說了，俺二人並出力氣，教窩闊台承繼者。」成吉思

〔註64〕見馮承鈞譯，《多桑蒙古史》，第一卷，第二章，頁38～39。
〔註65〕見柯劭忞，《譯史補》（臺北：廣文，民國57年），卷之五，頁15。

可汗說：「你二人不必並行，天下地面儘闊，教你（們）各守封國。你二人說的言語各要（謹守）依著，休令人恥笑！」又問：「窩闊台如何說？」窩闊台說：「父親恩賜教說，我雖說自己不能。儘力謹慎行將去！只恐不才，不能繼承！」成吉思可汗說：「窩闊台既如此說中也者」又問：「拖雷如何說？」拖雷說：「父親指名教說。兄跟前忘了的提說；睡著時喚醒；差去戰爭時，即行。」成吉思可汗說：「是」又說：「哈撒兒、阿勒赤歹、惕赤斤、別勒古台，四個弟弟的位子裏，他的子孫各教一人管。我的位子裏教一個兒子管。我的言語不差，不許違了！若窩闊台不才呵，我的子孫豈獨不生一個好的！」。〔註66〕

（二）西元1229年大聚會的選立窩闊台可汗

對於此一例證，我們參考三種不同的資料：

（1）《祕史》：

成吉思可汗既崩，鼠兒年（西元1228年，比元史所記早一年）右手大王察哈台，巴禿等，左手大王斡赤斤、也古、也孫格等，同在內的（大王）拖雷等，諸王駙馬，并萬戶、千戶等，於客魯連河大聚會著。依成吉思可汗遺命，舉行立君儀式，共立窩闊台做皇帝，將成吉思可汗原宿衛的一萬人，并眾百姓吩咐了。〔註67〕

（2）《元史·太宗紀》說：

元年，己丑夏，至忽魯班雪不只之地，皇弟拖雷來見。秋八月己未，諸王百官大會於怯綠連河曲雕阿蘭之地，以太祖遺詔即皇帝位于庫鐵烏阿剌里。始立朝儀，皇族尊屬皆拜，頒大札撒。〔註68〕

又在〈耶律楚材傳〉中說：

己丑秋，太宗將即位，宗親咸會，議猶未決。時睿宗為太宗親弟，故楚材言於睿宗曰：此宗社大計，宜早定，睿宗曰：事猶未集，別擇日可乎？楚材曰：過是無吉日矣。遂定策，立儀制。〔註69〕

（3）《多桑史》所記甚詳：

西元1229年春，諸宗王、諸統將自韃靼地域各地來集於怯綠連河畔

〔註66〕見《祕史》，第二五四節。
〔註67〕見《祕史》，第二六九節。
〔註68〕見《元史》，卷二，本紀第二，〈太宗一〉，頁1上、下。
〔註69〕見《元史》，卷一四六，列傳第卅三，〈耶律楚材〉，頁3上。

成吉思可汗之大斡耳朵。朮赤諸子斡兒荅、拔都、昔班、唐古觧、別哥兒、別兒格察兒、脫哈帖木兒等皆自裏海北方之地來會。察合台率其諸子、諸孫自伊黎河流域來會。窩闊台自葉密立河畔來會。斡赤斤自東方女眞鄰近之地來會。由拖雷延之至成吉思汗斡耳朵中，蓋新主未立，暫由拖雷監國也，開大會之首三日，大設宴饗。到會之人甚眾，遂聚議選立新君。時列會者多歸心拖雷，耶律楚材乃請拖雷執行成吉思汗遺命，自推窩闊台承繼大位，免啓爭端，拖雷從之。遂在大會中宣讀其父遺命，謂應奉成吉思汗所指定之人爲君。如是諸王等群向窩闊台勸進，窩闊台以位讓諸兄弟及諸叔等。且以拖雷從未一日離其父，所受訓教較他人爲多，大位應由彼繼承，遂力辭。諸王等曰：「成吉思汗既以指定汝爲繼承人，我等不能背其遺命。」窩闊台仍固辭。如是宴樂者四十日，繼承問題懸而未決。至第四十一日，亦星者所擇之吉日也，窩闊台始應諸王之請，由其兄察合台及其叔斡赤斤導之就汗位。拖雷奉盞，同時帳內外諸人皆免冠，解帶置肩上，向窩闊台九拜祝賀，奉以可汗之號。〔註70〕

關於世選部長或諸汗宗王、大臣者舉例如下：

（一）諸汗宗王

（1）拔都爲朮赤次子，「與兄鄂爾達相友愛，鄂爾達以才不如弟，乃讓位於拔都，斡赤斤遂定拔都爲嗣」，〔註71〕這是世選繼立的本意。

（2）也速蒙哥爲察哈台次子「太宗崩，明年，察哈台亦卒……子曰莫圖根、曰也速蒙哥……定宗即位，以傳孫不傳子爲非命，也速蒙哥嗣父位」，〔註72〕這也是世選不必立長的例子。

（二）大臣世官

（1）耶律鑄爲耶律楚材次子，長子爲鉉。耶律鑄嗣領中書省事時，年二十三。〔註73〕

（2）耶律希則爲耶律鑄之第三子，憲宗時命希亮師事北平趙衍，希亮時年方九歲。世祖時以璽書召之命爲速古兒必闍赤，尋轉嘉議大夫禮

〔註70〕見《多桑蒙古史》，頁191～192。

〔註71〕見《新元史》，卷一百六，列傳第三，太祖諸子一，〈朮赤附拔都傳〉，頁4下。另可參見洪鈞，《元史譯文證補》（上海：商務），卷五，〈拔都補傳〉。

〔註72〕《新元史》，卷一百七，列傳第四，太祖諸子二，〈察合台〉，頁2下、3上。

〔註73〕同註69，耶律鑄附傳，頁11上。

部尚書，遷吏部尚書，後論旨中書，以病免。武宗時訪求先朝舊臣，
援為翰林學士，承旨知制誥兼修國史。〔註74〕

綜上可知，世選制度由可汗宗王至臣官皆沿此習，這也是蒙古社會較早的傳
統，主要因於游牧民族本身的大傳統，其社會結構如此，乃有世選這一種辦
法。若是由世官的任選上來看，可以是兼顧世襲，恩澤及於貴族功臣，又兼
顧選賢與能的選拔才俊之士。由於這個傳統，在元帝國建立後，對於漢人、
南人的輕視，尤其表現於科舉制度之中，恐怕也是其不得已的原因之一。非
貴族功臣之家，則不易維持此世選任官之傳統，而治理漢地，也無法不用以
繫民心的科舉考試，其中所有的差距就自然出現。世選官臣能「襃功不廢量
材」「世及而能傳賢」，自然是優良可行的制度，但畢竟是有其局限性的。

　　在汗位的繼任上，世選制度應是很好的方式；所謂「得國而不代」，正能
表現這種精神。若以世選可汗為其傳統，雖然在選立時或會發生政治權力的
鬥爭，不若世襲的天命之位來得無異議，但是真能選立一位得眾望又有才能
的可汗，豈不近「大同」的思想？

　　在蒙古社會裏，這些屬於治人者的階層，有世選這一制度來保持此階層
的水準，但也並不因之會完全壟斷這一階層。在早期的社會結構中，這一階
層的進入還得大部份要憑個人本身的才能為主，世選正是兼顧世襲又兼顧選
才。不論是游牧民族的世選與漢民族的世襲，都是因為適應其社會的需要，
各以其智慧來立定這些方式，這種決擇端要賴其社會文化和結構來觀察，而
不可同一視之。

〔註74〕同前註。以及卷一百八十，列傳六七，〈耶律希亮〉。頁1上～4下。

第五章 結 論

　　在前述幾章節的討論，我們對於早期的游牧蒙古社會有了概要的認識。十二世紀末期以前，可以說是蒙古社會的一般情況仍是沿襲舊有的傳統結構，而這個情況也可以說與歷代以來在北亞草原的諸多游牧民族，大體上是相同的。不論是在氏族組織上，政治權力結構上，軍事體系上，婚姻與宗教，以至於社會價值上，多半是屬於他們游牧社會自己的一個型模，有著自己的沿襲傳統；也正如農業社會中歷代各朝的嬗遞承傳一般。但由於游牧民族的資料不豐富，也缺乏足夠的原始資料之故，對於他們社會中的分析研究，不若農業社會來得詳細明確。

　　蒙古社會十三世紀中期以前，較清楚且較多的資料，重心仍在成吉思可汗前後時期。這位歷史中的巨人，從他的崛起、奮鬥，到建立一個雄霸世界的帝國，和他的子嗣們在亞洲建立的一個統治農業社會的元帝國，才使其民族統合運動擴張成一個新的社會和新的民族文化融合，這在中國歷史文化的擴大綿延上，具有不凡的影響和貢獻。若我們追究其初時的社會歷史，則不免要先討論到其早期的社會結構或組織。

　　蒙古的社會，由草原貴族社會漸次發展到以汗為首領的氏族聯盟其間，氏族是其基本的單位。氏族的分化過程，在十二世紀末以前，可以有兩個世紀之久，不只知道其氏族的內部成員組織，而且這一個形態在游牧社會中是普遍的情形。氏族分化時的遊離份子，往往是為後來此一氏族，或基於此一氏族而形成的氏族聯盟的基本武力，在發跡階段他們是戰友，到發展起來以後，他們一方面是可汗私屬的家將親衛，一方面又是聯盟的將領重臣，這是蒙古式的一種制度；到了十三世紀不論政、軍方面的初期制度還仍是沿襲此

一蒙古式的制度。元帝國的建立，爲了統治上的方便，採用甚多漢制，但我們知道蒙古式的制度仍然存在，而常以漢式官名稱之。當元帝國覆亡，蒙古人退回北亞草原之後，游牧社會中的一切，又仍恢復他們固有的制度和方式，這正是爲著適應環境的需要。

以下再做幾點條例式的簡要結論如後：

（1）氏族的組織和形態仍是游牧社會的傳統型模，以氏族長爲領導之中心，氏族的生存和擴展要賴氏族長本身的領導才能。其內部各階層，在名義上有所分別，但也是以個人的能力表現爲主；可以爲隸民，可以爲將臣，即使在氏族分化結爲聯盟以後也仍是如此。父系社會的結構已很明顯，而其社會封建關係與角色功能關係配合。

（2）在婚姻上是外婚制，除掠奪、交換、服役等婚俗外，烝報婚爲其特色，與農業社會有極大不同之處，尤以配偶的倫理觀念爲甚；然自有其社會背景與婚姻之看法。故不因其多妻制而有妻、妾之別，配偶及婦女在社會中相當有份量，除操持家務外，也參與征戰及政治生活。

（3）在經濟上，因其生態環境而有適應的生活。有簡單的分工生產品，而無大量的製作；貿易行爲頗盛。經濟上對財產、土地的觀念是游牧式的，故而對於政治與軍事上的發展，仍保有其一貫之傳統，即對物資的掠奪和榨取，而對土地的佔有和定居不存野心。

（4）軍政系統更表現出游牧式的制度，往往是文武合一的配合。斷事官的權位甚重，位在漢式的三公之上，代表可汗總攬政務，是有名位、有實權的宰相。在軍制上主要是全民皆兵，自幼小起的生活就習於戰陣，對於馬的使用因而有當時最機動之軍隊；又以「怯薛」這一獨創又具極大且多方面作用的軍政單元爲特出。

（5）在宗教信仰上是屬泛靈信仰的薩滿教爲主，外來宗教雖有接觸，但在此時並沒有勢力。薩滿的地位在社會中極高，在有些氏族中是政教合一的領導者，氏族聯盟形成時，極受可汗的尊重與信任，也易於參與政治的陰謀。薩滿信仰即如在後世蒙古信佛以後仍有普遍的遺留於民間。

（6）對於社會中一般的價值觀，和農業社會有相似之處，但在比較上言也有些差距，如尊老、重傳統、母權等。其他較特殊的是重視經濟利益，英雄式的個人主義等。其構成的人格，也是就一般的觀察而同於其民族性，在階層結構中，以治人與治於人間的差距並不大，生活方式上、文化格調上也

都相似。世選制度乃是游牧社會中的優良傳統，可視作一種游牧式的大同思想。

　　早期蒙古社會的研究，可以看出較純粹的蒙古式制度和觀念，他們接受的漢化很淺，即如在以後的歷史中也不難發現此點。研究這個階段的蒙古社會，是較易於了解蒙古社會的本質，筆者以為是值得重視的。這個時期所呈現的，都是承襲游牧民族固有的傳統和部份蒙古本身的狀況，有許多的觀念、組織、和制度都較突出，大異於農業社會的社會結構。因此，在歷史的探討上，民族的研究上，和社會、文化的比較上，都值得如此嚐試。

附　表

表一：也速該及成吉思汗諸子表

1. 也速該

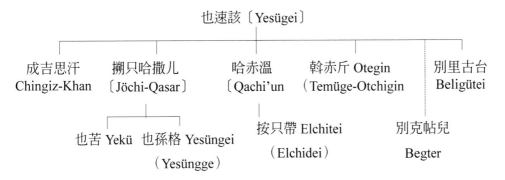

也速該〔Yesügei〕

成吉思汗 Chingiz-Khan　　搠只哈撒儿〔Jöchi-Qasar〕　　哈赤溫〔Qachi'un〕　　斡赤斤 Otegin（Temüge-Otchigin　　別里古台 Beligütei

也苦 Yekü　　也孫格 Yesüngei（Yesüngge）　　按只帶 Elchitei（Elchidei）　　別克帖兒 Begter

2. 成吉思汗

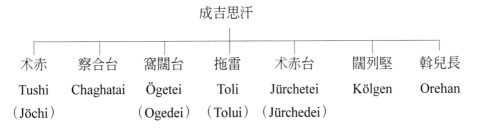

成吉思汗

术赤 Tushi（Jöchi）　　察合台 Chaghatai　　窩闊台 Ögetei（Ogedei）　　拖雷 Toli（Tolui）　　术赤台 Jürchetei（Jürchedei）　　闊列堅 Kölgen　　斡兒長 Orehan

本表採自志費尼著，何高濟譯，翁獨健校訂《世界征服者史》，（南京：江蘇教育，2005 年）。又虛線部份為作者所補。

表二：成吉思可汗所封千戶略表

據札奇斯欽《蒙古祕史新譯並註釋》（臺北：聯經，民 68 年）卷八，第二○二節，及姚從吾註作成。

1. 蒙力克（明里赤哥）——即也連該託孤家臣，晃豁壇氏。

2. 博爾朮（孛斡兒出）——即可汗最早結識之伴當，阿魯剌惕氏的納忽伯顏之子，四傑之一，後封萬戶。

3. 木華黎——札剌亦兒部的古溫兀阿之子，四傑之一，後封萬戶、國王。

4. 豁兒赤——巴阿鄰氏，爲可汗的蒙古本部可汗而鼓吹，倡言符瑞之薩滿，後封萬戶。

5. 亦魯該——窩闊台的輔國人之一。札剌亦兒部人。

6. 朮赤台（主兒扯歹）——兀魯兀惕氏，十大功臣之一。

7. 忽難——格你格思氏，朮赤位下的萬戶、輔國人，又是可汗的四諫官之一。

8. 忽必來（虎必來）——巴魯剌思氏，四獒之一。

9. 者勒篾（折里麥）——兀良哈氏，四獒之一。

10. 禿格（統格）——木華黎的從弟。札剌亦兒部人。

11. 迭該——別速惕氏，窩闊台的輔國人，可汗的諫官。

12. 脫欒（脫侖）——蒙力克的兒子。晃豁壇氏。

13. 汪克兒（翁古兒）——乞顏部人，蒙格禿乞顏之子，可汗爲本部可汗時的飲膳官。可汗的堂兄弟。

14. 出勒格台（赤勒古台）——速勒都思氏。

15. 博爾忽（孛羅兀勒）——許兀慎氏，月侖太后養子，爲四傑之一。

16. 失吉·忽禿忽——塔塔兒人，月侖太后養子，爲可汗的大斷事官，南宋人稱之爲胡丞相。

17. 古出（曲出）——篾兒乞人，月侖太后養子，爲可汗幼弟帖木格與月侖太后的輔國人。

18. 闊闊出；別速惕氏，月侖太后養子，也是太后與帖木格的輔國人。

19. 豁兒豁孫（火魯和孫）——爲太后與帖木格的輔國人。

20. 許孫——可能是克烈部人，又名哈納散。或即爲八鄰部的兀孫老人，爲四諫官之一。

21. 畏答兒（忽赤勒答兒）——忙忽惕氏，爲十功臣之一，可汗與王汗決戰時

戰死，後追封爲千户，由子孫世襲。

22. 失魯孩——沼兀列亦惕氏（徹兀台，照烈）。可能另有名爲雪里堅。爲班
　　朱泥河功臣。

23. 者台（哲台）——忙兀惕氏，爲拖雷的輔國人。

24. 塔孩（塔海）——爲出勒格台之弟。速勒都思氏人，隨豁兒赤萬户守西北。

25. 察罕・轄阿（察合安・兀洼）——捏古思氏，十三翼之戰時戰死，後追封
　　爲千户，由子孫世襲。

26. 阿剌黑（阿剌）——巴阿鄰氏，爲中軍萬户納牙阿之兄。繼承其父述律哥
　　圖的千户。

27. 鎖兒罕・失剌——速勒都思氏，早年曾救可汗脱險於泰亦赤兀惕部中。

28. 不魯汗——巴魯剌思氏。

29. 合剌察兒——巴魯剌思氏，爲察合台的輔國人。

30. 闊闊（可）搠思——巴阿鄰氏，爲可汗的諫官及察合台的輔國人。

31. 速（雪）亦客禿——晃豁壇氏。曾爲可汗的寶兒赤（掌膳官）、扯兒必（近
　　侍官）。

32. 納牙阿——巴阿鄰氏，爲中軍萬户。

33. 冢率（種賽）——那牙勤氏，爲月侖太后與帖木格的輔國人。

34. 古出古兒——別惕氏，爲迭該之弟。曾爲可汗的木匠（抹赤）。

35. 巴剌（八郎）——斡羅納兒氏。

36. 斡羅納兒台——待考。或與前巴剌爲同一人（巴剌・斡羅納兒台）。

37. 答亦兒—篾兒乞人。或即爲蒙力克後人。

38. 木格（蒙客、忙哥）——察合台輔國人。弘吉剌部人。

39. 不只兒（布智兒）——脱脱里台氏。（塔塔兒）人，曾於蒙哥汗時任燕京
　　行省大斷事官，疑其千户爲承襲其父紐兒傑而來。

40. 蒙古兀兒（蒙客兀兒）——朮赤的輔國人。散只兀部人。

41. 朵羅阿歹——札剌亦兒部人。

42. 孛堅（孛罕）——兀羅帶氏。（兀魯兀惕）宿衛出身。

43. 忽都思——巴魯剌思人，忽必來之弟。

44. 馬剌勒——待考。

45. 者卜客（哲不哥）——爲木華黎之叔，哈撒兒的輔國人。札剌亦兒部人。

46. 余（朔）魯罕——札剌亦兒部人。

47. 闊闊——待考。

48. 哲（者）別——別速惕氏，四獒之一。西征名將。

49. 兀都台——待考。

50. 巴剌——與前述 35. 同名但不同人，爲拖雷的輔國人。札剌亦兒部人，曾任扯兒必（近侍官）。

51. 客帖——爲朮赤的輔國人。

52. 速不台（速別額台）——兀良哈氏，四獒之一。或稱雪不台。西征名將。

53. 蒙可·合勒札——可能是畏答兒之子。忙忽惕氏。

54. 忽兒察忽思——待考。

55. 掌吉（苟吉）——待考。

56. 巴歹（把帶）——他是報告王汗突襲消息的人，可汗又加封他爲答剌罕，意思是自在的官。是一種榮譽官號，也可以兼任一般官職。

57. 乞失里黑（啓昔禮、乞失力）——也是報告王汗突襲消息的人，亦加封爲答剌罕。斡羅納兒氏。

58. 客台——兀魯兀惕氏，主兒扯歹之子。襲父位爲千戶。

59. 察兀兒孩（罕）——兀良哈氏，爲者勒篾之弟。

60. 翁吉蘭——待考。

61. 脫歡·帖木兒——許兀慎氏，博爾忽之子。襲父位爲千戶。

62. 篾格禿——或即爲後來蒙古第二次西征時的大將蒙格禿。

63. 合答安——塔兒忽惕氏，爲飲膳官。

64. 抹羅合——待考。

65. 朵里·不合——待考。

66. 亦都合歹（亦多忽歹）——察合台的輔國人。

67. 失剌忽勒——克烈部人，爲必闍赤之長。

68. 倒溫——待考。

69. 塔馬赤——待考。

70. 合兀闌——待考。或爲阿答斤部長木忽兒好蘭。

71. 阿勒赤（歹）——爲四怯薛長之一。

72. 脫（卜）撒合——待考。

73. 統灰歹——待考。

74. 脫不合（脫不花）——克烈部人，爲 67. 失剌忽勒之兄。

75. 阿只乃——待考。

76. 禿亦迭格兒——待考。

77. 薛潮兀兒（薛赤兀兒）——豁羅剌思氏。

78. 者迭兒（直脫兒）——待考。

79. 斡刺兒·古列堅——古列堅爲女婿、駙馬之意，唯此人不詳，待考。

80. 輕吉牙歹——斡勒忽訥氏。

81. 不合·古列堅——爲駙馬，是木華黎之弟，四怯薛長之一。札刺亦兒部人。

82. 忽鄰勒——待考。

83. 阿失黑·古列堅——在豁兒赤萬戶位下。速勒都思部人，駙馬。

84. 合歹·古列堅——即可汗的女婿哈達。斡亦刺部人。

85. 赤古·古列堅——或爲赤窟駙馬。弘吉刺部人。

86、87、88. 阿勒赤·古列堅——即爲按陳國舅，統弘吉刺三千戶。爲可汗皇后孛兒帖之弟。

89、90. 不禿·古列堅——即孛禿駙馬，娶可汗之妹帖木侖，帖木侖死後，又娶公主火臣別乞，統亦乞列思二千戶。

91、92、93、94、95. 阿刺忽失·的吉惕·忽里·古列堅——汪古部人，統五千戶。

表三：成吉思可汗大事略表

西　　元	中國紀元	年　歲	大　　事
一一六二	宋高宗紹興卅二年 金世宗大定二年	一	成吉思可汗鐵木眞誕生。 宋高宗傳位於太子是爲孝宗。宋金間戰事稍緩。
一一六四	宋孝宗隆興二年 金大定四年	三	次弟哈撒兒誕生。 符離之戰宋師爲金兵所敗之後，張浚被罷，八月張浚卒。
一一六六	宋孝宗乾道二年 金大定六年	五	三弟合赤溫誕生。
一一六八	宋乾道四年 金大定八年	七	四弟帖木格誕生。
一一七○	宋乾道六年 金大定十年	九	鐵木眞與弘吉剌氏孛兒帖訂婚。 妹帖木侖誕生。父也速該死，部眾離散。
一一七一至 一一八八		十至二十七	鐵木眞爲泰赤烏人所俘，遇救脫險。結識博爾朮。與孛兒帖結婚，不久孛兒帖爲篾兒乞人所攄，鐵木眞聯結義父王汗、盟兄札木合，大破篾兒乞人，救回孛兒帖。鐵木眞與札木合共處一年半後分手，各氏族紛紛來歸。
一一八九	宋孝宗淳熙十六年 金大定廿九年	二十八	蒙古各氏族推鐵木眞爲本部可汗。金世宗卒，以皇孫即位爲章宗。宋孝宗退位爲太上皇，傳位於皇子爲光宗。鐵木眞組成初步的汗廷與怯薛。
一一九○至 一一九五		二十九至三十四	十三翼之戰，札木合擊敗鐵木眞。各部族繼續來歸，鐵木鎭勢力漸復，但與內部主兒勤氏不合。
一一九六	宋寧宗慶元二年 金章宗承安元年	三十五	與王汗共討塔塔兒人，受金封爲「札兀惕忽里」（招討官），王汗受封爲王。滅主兒勤氏。得失吉忽禿忽、博爾忽、木華黎等人。殺叔父播里以穩內部。
一一九七至 一二○○		三十六至三十九	助義父王汗復國，並聯盟征討篾兒乞、乃蠻、泰赤烏等。捕魚兒海之戰，與王汗大破反對各部聯軍。

一二○一	宋寧宗嘉泰元年 金章宗泰和元年	四十	與王汗聯軍擊破札木合集團。滅塔塔兒部，收服弘吉剌部。
一二○二	宋嘉泰二年 金泰和二年	四十一	擊滅塔塔兒四部，納也遂、也速干姐妹爲后。闊亦田之戰，與王汗聯軍擊敗札木合集團，確定鐵木眞在蒙古族之領導地位。
一二○三	宋嘉泰三年 金泰和三年	四十二	春，與王汗父子失和，被突襲而敗。夏，與將士盟於班朱泥河。秋，擊滅王汗。
一二○四	宋嘉泰四年 金泰和四年	四十三	夏，伐南乃蠻，秋滅之，太陽汗死。其妻古兒別速爲鐵木眞所納，其子屈出律奔西遼。鐵木眞又納篾兒乞人忽蘭爲后。札木合死。得塔塔統阿。怯薛組織再度擴充。
一二○五	宋寧宗開禧元年 金泰和五年	四十四	春，擊滅北乃蠻。派兵攻西夏。　南宋韓侂冑倡議北伐。金以僕散揆防之。
一二○六	元太祖元年 宋開禧二年 金泰和六年	四十五	鐵木眞受戴爲成吉思可汗，大封功臣，創建帝國之組織規模等。怯薛組織第三度擴充。宋軍北伐爲金兵所敗。
一二○七	元太祖二年 宋開禧三年 金泰和七年	四十六	可汗親征西夏。以長子朮赤出征西北，收服森林地區部族。　宋史彌遠誅韓侂冑，宋金戰事暫緩。
一二○八	元太祖三年 宋嘉定元年 金泰和八年	四十七	可汗除薩滿闊闊出。蒙古向金貢歲幣。　宋金和議達成，宋以史彌遠爲相。金章宗死，衛（紹）王永濟繼立。
一二○九	元太祖四年 宋嘉定二年 金大安元年	四十八	畏吾兒亦都護巴而朮阿而忒叛西遼，歸附可汗。
一二一○	元太祖五年 宋嘉定三年 金大安二年	四十九	親征西夏，夏主納女請和　金與蒙古斷交，並備邊以防。
一二一一	元太祖六年 宋嘉定四年 金大安三年	五十	二月，誓師伐金。三月，越大漠於陰山度夏。秋，會河堡之戰，取居庸關，圍中都。分兵攻西京，不克。契丹人耶律留哥起兵反金，可汗以按陳領兵偏師遼東，與留哥會盟。

一二一二	元太祖七年 宋嘉定五年 金崇慶元年	五十一	春，耶律留哥遣使來附。秋，圍攻西京，不克。冬十二月，哲別襲取東京而去。 乃蠻屈出律奪取西遼政權。
一二一三	元太祖八年 宋嘉定六年 金至寧元年	五十二	蒙古大軍三路南下，冀、魯、晉三省及遼西之地，大受摧殘。遼東耶律留哥亦大敗金兵。金帥胡沙虎殺衛王，另立宣宗，改元貞祐。
一二一四	元太祖九年 宋嘉定七年 金貞祐二年	五十三	春，與金議和，娶金之岐國公主爲后。五月，宣宗遷都於汴，契丹亂軍叛歸蒙古。耶律留哥歸仁之戰，大破金兵。秋，以木華黎攻遼西，以撒模合圍中都。
一二一五	元太祖十年 宋嘉定八年 金貞祐三年	五十四	春，木華黎取北京。金將蒲鮮萬奴自立，耶律留哥乘機取東京。四月，取西京。五月，取中都，得耶律楚材。秋，可汗返克魯倫河行宮，準備西征。耶律留哥部下叛變。
一二一六	元太祖十一年 宋嘉定九年 金貞祐四年	五十五	木華黎定遼西，並助耶律留哥定遼東，契丹叛軍入高麗。蒲鮮萬奴降。博爾忽死，以朵兒伯朵黑申往征西北各部。可汗以速不台討篾兒乞復出之殘眾。以哲別征西遼。尤赤爲二者之後援。
一二一七	元太祖十二年 宋嘉定十年 金興定元年	五十六	木華黎受封爲國王，總管攻金之責。速不台擊滅篾兒乞人於吹河。西北各部亦平。金以宋拒納歲幣而出兵，但爲宋軍擊退。
一二一八	元太祖十三年 宋嘉定十一年 金興定二年	五十七	哲別平西遼，屈出律死。九月，木華黎取山西中、北部各地。蒙古軍入高麗討契丹叛軍。蒙古軍與花剌子模軍初度接觸即退。蒙古商旅及使者遭花剌子模之迫害。金求和於宋，宋不納。
一二一九	元太祖十四年 宋嘉定十二年 金興定三年	五十八	春，平契丹叛軍，高麗稱臣。木華黎取河北、晉南各地。夏六月，親征花剌子模。蒲鮮萬奴叛變。金攻宋，爲宋師所擊退，宋金戰起。

一二二〇	元太祖十五年 宋嘉定十三年 金興定四年	五十九	三月，取布哈爾，五月，取撒馬爾干，速不台、哲別渡阿姆河，轉戰各地。十二月，花剌子模王穆罕默德死，其子札蘭丁繼立。木華黎攻東平不克。
一二二一	元太祖十六年 宋嘉定十四年 金興定五年	六十	可汗親討札蘭丁至印度河，札蘭丁躍馬入河而逃。尤赤、察合台、窩闊台攻玉龍傑赤，半年始克。長春眞人邱處機至河中來謁。哲別、速不台往高加索。木華黎經略冀、魯、陝各地。宋攻金不利，遣使入蒙古，蒙古亦遣使於宋。
一二二二	元太祖十七年 宋嘉定十五年 金元光元年	六十一	哲別、速不台越高加索山，大破當地聯軍，敗欽察人，渡頓河往俄羅斯。與長春眞人談道。九月，返撒馬爾干。冬，木華黎取河中，攻關中不克。山東義軍李全，受宋召撫。
一二二三	元太祖十八年 宋嘉定十六年 金元光二年	六十二	正月，石天應戰死。三月木華黎死，其子孛魯嗣位。金人反攻，收復部份州縣。可汗圍獵於撒馬爾干附近。長春眞人東返。喀爾河之戰，蒙古殲俄羅斯聯軍，回師不里阿耳，平服之。金宣宗死，子繼立爲哀宗。蒙古初置「達魯花赤」治河中之地。
一二二四	元太祖十九年 宋嘉定十七年 金哀宗正大元年	六十三	可汗自河中班師，召西征蒙軍返國，蒙軍又平服撒哈辛人。哲別死於東歸途中。七月，孛魯奉命伐西夏。八月，長春眞人返燕京。宋寧宗死，史彌遠矯詔立理宗，與太后同聽政。
一二二五	元太祖廿年 宋理宗寶慶元年 金正大二年	六十四	正月，可汗返土拉河。二月，武仙殺史天倪叛，史天澤等復眞定。高麗殺蒙古使者，二國斷交。山後地區金人反攻，爲劉黑馬所破。
一二二六	元太祖廿一年 宋寶慶二年 金正大三年	六十五	正月，可汗親征西夏，取河西各州。十一月，進圍中興府。蒙古軍滅遼東金兵之殘眾，復圍李全於青州。
一二二七	元太祖廿二年 宋寶慶三年 金正大四年	六十六	蒙古分兵攻金，取河湟等地，進逼關中。李全以青州降。可汗避暑於甘肅六盤山。西夏降。金亦遣使求和。七月，可汗歿於清水。

附　圖

圖一：十三世紀初北方民族分佈圖

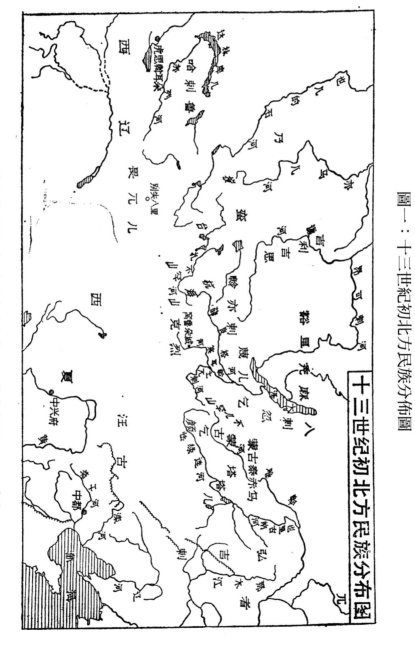

十三世紀初北方民族分布圖

採自韓儒林《元朝史》（北京：人民出版社，1986年）

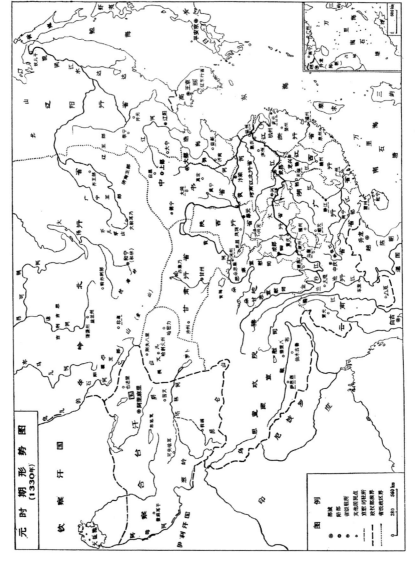

圖二：元時期形勢圖

採自韓儒林《元朝史》（北京：人民出版社，1986 年）

圖三：《四部叢刊》本《元朝秘史》書影

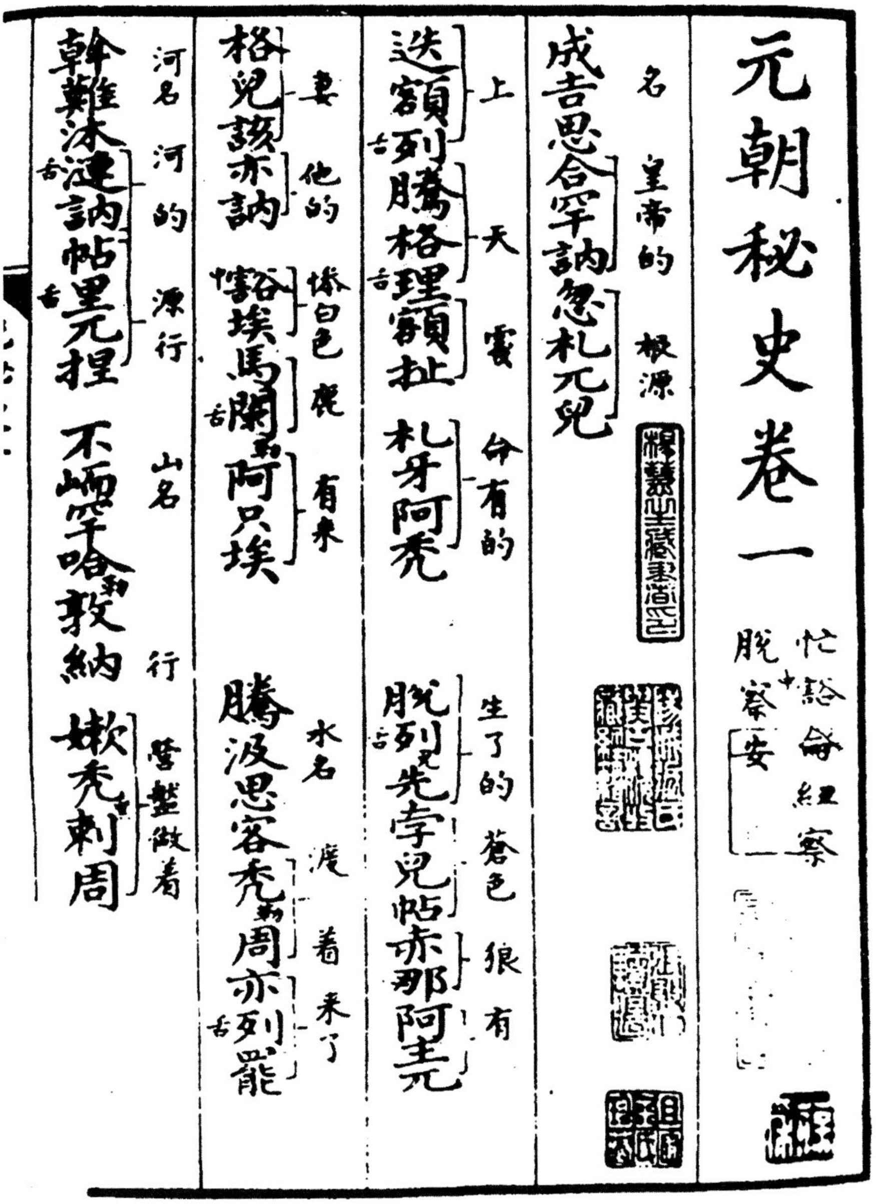

元朝秘史卷一

忙中豁侖紐察
脫察安

成吉思合罕訥忽札兀兒
名　　皇帝的　根源

迭額列騰格理額扯
札牙阿禿
上天　命　分有的

脫列兒先字兒帖亦那阿主兀
生了的　蒼色　狼　有

格兒該亦豁埃馬闌勒阿只埃
妻　他的　慘白色　鹿　有来

騰汲思容秃周亦列罷
水名　滉　着　来了

斡難沐漣訥帖里元裡　不峏罕哈勒敦　教納　嫩秃剌周
河名　河的　源行　山名　行　營盤做着

圖四：成吉思汗（1162 年至 1227 年）

圖五：蒙古皇帝與家族（《拉施特集史》）

圖六：拖雷及王妃和諸子

參考書目

壹、史料與古籍

一、正史史書

1. 司馬遷，《史記》（臺北：臺灣印書館景印百衲本廿四史，民國 56 年）。
2. 班固，《漢書》（臺北：臺灣印書館景印百衲本廿四史，民國 56 年）。
3. 范曄，《後漢書》（臺北：臺灣印書館景印百衲本廿四史，民國 56 年）。
4. 陳壽，《三國志》（臺北：臺灣印書館景印百衲本廿四史，民國 56 年）。
5. 李延壽，《北史》（臺北：臺灣印書館景印百衲本廿四史，民國 56 年）。
6. 魏徵，《隋書》（臺北：臺灣印書館景印百衲本廿四史，民國 56 年）。
7. 劉昫，《舊唐書》（臺北：臺灣印書館景印百衲本廿四史，民國 56 年）。
8. 歐陽修，《新唐書》（臺北：臺灣印書館景印百衲本廿四史，民國 56 年）。
9. 脫脫，《遼史》（臺北：臺灣印書館景印百衲本廿四史，民國 56 年）。
10. 脫脫，《金史》（臺北：臺灣印書館景印百衲本廿四史，民國 56 年）。
11. 宋濂，《元史》（臺北：臺灣印書館景印百衲本廿四史，民國 56 年）。
12. 柯劭忞，《新元史》（臺北：藝文印書館廿五史，民國 45 年）。

二、其他史料與古籍

1. 王光魯，《元史備忘錄》（臺北：廣文書局，史料續編，民國 57 年）。
2. 方式濟，《龍沙紀略》（臺北：廣文書局，明、清史料彙編，民國 57 年）。
3. 宇文懋昭，《大金國志》（臺北：商務印書館，民國 57 年）。
4. 李燾，《續資治通鑑長編》（臺北：世界書局景印本，民國 53 年）。
5. 佚名，《元朝秘史》（臺北：廣文書局，史料叢編，民國 57 年）。
6. 佚名，《聖武親征錄》，收錄於王國維校註本，《蒙古史料四種》（臺北：

正中書局，民國 51 年）。

7. 佚名，《大元馬政記》（臺北：廣文書局，史料四編，民國 61 年）。

8. 李志常，《長春眞人西遊記》，收錄於王國維註本，《蒙古史料四種》（臺北：正中書局，民國 51 年）。

9. 李尤魯翀，《通制條格》（北平：國立北平圖書館，民國 19 年）。

10. 《孟子》（臺北：啓明書局萃芬閣藏本，民國 50 年）。

11. 邵遠平，《元史類編》（臺北：廣文書局，民國 57 年）。

11. 徐孟莘，《三朝北盟會編》（臺北：文海出版社，民國 51 年）。

13. 陶宗儀，《輟耕錄》（臺北：世界書局，民國 52 年）。

14. 陳邦瞻，《元史紀事本末》（臺北：臺灣商務印書館萬有文庫薈要，民國 54 年）。

15. 彭大雅、徐霆，《黑韃事略》，收錄於王國維箋証本，《蒙古史料四種》（臺北：正中書局，民國 51 年）。

16. 黃震，《古今紀要逸編》，收於《四明叢書》，第一集，第二冊（臺北：中華大典編印會，民國 55 年）。

17. 屠寄，《蒙兀兒史記》（臺北：世界書局，民國 51 年）。

18. 葉隆禮，《契丹國志》（臺北：廣文書局，民國 57 年）。

19. 趙珙，《蒙韃備錄》，收錄於王國維箋証本，《蒙古史料四種》（臺北：正中書局，民國 51 年）。

20. 趙翼，《廿二史劄記》（臺北：世界書局，民國 51 年）。

21. 鄭樵，《通志》（臺北：新興書局，國學基本叢書，民國 48 年）。

22. 錢大昕，《元史氏族表》，收於《二十五史補編》，第六冊（上海：開明書局，民國 24 年）。

23. 魏源，《元史新編》（慎初堂刊本，光緒 31 年）。

24. 蕭大亨，《北虜風俗》（臺北：廣文書局，民國 57 年）。

25. 蘇天爵，《元文類》（臺北：臺灣商務印書館，民國 57 年）。

貳、研究論著

一、專　書

1. 王國維，《觀堂集林——王觀堂先生全集》（臺北：文華出版社，民國 57 年）。

2. 巴克爾著，編審部譯，《匈奴史》（臺北：臺灣商務印書館，民國 62 年）。

3. 札奇斯欽，《北亞游牧民族與中原農業民族間的和平戰爭與貿易之關係》

（臺北：正中書局，民國 62 年）。

4. 札奇斯欽，《蒙古之今昔》（臺北：中華文化出版事業委員會，民國 44 年）。

5. 多桑（瑞典）著，馮承鈞譯，《多桑蒙古史》（臺北：臺灣商務印書館，民國 56 年）。

6. 李思純，《元史學》（臺北：中華書局，民國 20 年）。

7. 何美妍，《蒙古婚姻制度與氏族制度的初步研究》（自刊本，民國 61 年）。

8. 何建民，《匈奴民族考》（上海：中華書局，民國 28 年）。

9. 沙海昂註，馮承鈞譯，《馬可波羅行紀》（臺北：臺灣商務印書館，民國 51 年）。

10. 伯希和（法）等著，馮承鈞譯，《西域南海史地考證譯叢》（臺北：臺灣商務印書館，民國 61 年）。

11. 周昆田，《中國邊疆民族簡史》（臺北：中華大典編印會，民國 55 年）。

12. 林惠祥，《文化人類學》（臺北：臺灣商務印書館，民國 55 年）。

13. 物拉底迷爾卓夫（俄）著，張興唐、烏占坤合譯，《蒙古社會制度史》（臺北：中華文化出版事業委員會，民國 46 年）。

14. 洪鈞，《元史譯文證補》（上海：商務印書館，民國 25 年）。

15. 柯劭忞，《譯史補》（臺北：廣文書局，民國 57 年）。

16. 格魯塞（法）著，馮承鈞譯，《蒙古史略》（臺北：臺灣商務印書館，民國 55 年）。

17. 陳彬龢，選註《元朝秘史》（臺北：臺灣商務印書館，民國 57 年）。

18. 馮承鈞，《成吉思汗傳》（臺北：臺灣商務印書館，民國 55 年）。

19. 張星烺，楊家駱主編，《中西交通史料彙編》（臺北：世界書局，民國 51 年）。

20. 摩耳（美）著，江紹原譯，《宗教的出生與成長》（臺北：臺灣商務印書館人人文庫，民國 58 年）。

21. 劉光義，《蒙古元的封建》（臺北：廣文書局，民國 54 年）。

22. 衛惠林，《社會學》（臺北：國立編譯館，民國 53 年）。

23. 黎東方，《細說元朝》（臺北：文星書店，民國 55 年）。

24. 箭內亙（日）著，陳捷、陳清泉譯，《元朝怯薛及斡兒朵考》（臺北：臺灣商務印書館，民國 52 年）。

25. 箭內亙（日）著，陳捷、陳清泉合譯，《元朝制度考》（臺北：臺灣商務印書館，民國 58 年）。

26. 龍冠海，《社會學》（臺北：三民書局，民國 55 年）。

二、論 文

1. 王國維，〈鬼方昆夷玁狁考〉，《觀堂林集 13，史林 5》（臺北：文華書局，民國 57 年），頁 538～606。

2. 文崇一，〈漢代匈奴人的社會組織與文化形態〉，《邊疆文化論集》（臺北：中華文化出版事業，民國 42 年），中冊，頁 139～186。

3. 札奇斯欽，〈說元史中的「札魯忽赤」並兼論元初的尚書省〉，《政治大學邊政研究所年報》第 1 期（臺北：政治大學，民國 59 年），頁 147～257。

4. 札奇斯欽，〈說元史中的「必闍赤」並兼論元初的中書省〉，《政治大學邊政研究所年報》第 2 期（臺北：政治大學，民國 60 年），頁 19～113。

5. 札奇斯欽，〈說舊元史中的達魯花赤〉，《台大文史哲學報》第 13 期（臺北：台灣大學，民國 53 年），頁 293～441。

6. 札奇斯欽，〈蒙古的婚禮〉，《中央月刊》（臺北：中央月刊社）三卷七期，頁 173。

7. 札奇斯欽，〈蒙古的宗教〉，《蒙古研究》（臺北：中國邊疆歷史語言學會，民國 57 年），頁 259～287。

8. 田村實造，陳安恩譯，〈蒙古族的開國傳說與移住問題〉，《蒙古研究》（臺北：中國邊疆歷史語文學會，民國 57 年），頁 321～359。

9. 呂思勉，〈匈奴文化索隱〉，《國學論衡》第 5 期。

10. 姚從吾，〈契丹君位繼承問題之分析〉，《文史哲學報》第 2 期（臺北：國立臺灣大學，民國 40 年），頁 80～112。

11. 姚從吾，〈說遼朝契丹人的世選制度〉，《文史哲學報》第 6 期（臺北：國立臺灣大學，民國 43 年），頁 91～135。

12. 姚從吾，〈成吉思汗窩闊台汗時代蒙古人的軍事組織與遊獵文化〉，《東北史論叢》（臺北：正中書局，民國 57 年），下冊，頁 277～304。

13. 姚從吾，〈十三世紀蒙古人的軍事組織、遊獵生活、倫常觀念與宗教信仰〉，《邊疆文化論叢》第二冊（臺北：中華文化出版學會，民國 53 年），頁 234～236。

14. 姚從吾，〈金元全真教的民族思想與救世思想〉，《東北史論叢》（臺北：正中書局，民國 57 年），下冊，頁 175～204。

15. 姚從吾，〈忽必烈對於漢化態度的分析〉，《東北史論叢》（臺北：正中書局，民國 57 年），下冊，頁 376～401。

16. 姚從吾，〈元世祖忽必烈他的家世他的時代與他在位期間的重要設施〉《蒙古研究》（臺北：中國邊疆歷史語言學會叢書，民國 57 年），頁 111～121。

17. 姚從吾、札奇斯欽，〈新譯本蒙古秘史〉《台大文史哲學報》第 9 期；第

10 期；第 11 期（臺北：台大文學院）。

18. 姚從吾，〈黑韃事略中所說窩闊台汗時代胡丞相事跡考〉，《東北史論叢》（臺北：正中書局，民國 57 年），下冊，頁 339～363。

19. 袁國藩，〈十三世紀蒙人之婚姻制度及其有關問題〉，《大陸雜誌》卷 37 第十期（臺北：民國 57 年）。收於大陸雜誌史學叢書，第三輯，第三冊，《宋遼金元史研究論集》，頁 303～310。

20. 島田正郎，〈亞洲北部遊牧民族的法的生活〉，《大陸雜誌》卷 20 第七期（臺北：民國 49 年）。收於大陸雜誌史學叢書，第一輯，第五冊，《宋遼金元史研究論集》，頁 291～295。

21. 衛惠林，〈論繼嗣群結構原則與血親關係範疇〉，《中央研究院民族學研究所集刊》第 18 本（臺北：中央研究院），頁 19～43。

22. 謝劍，〈匈奴社會組織的初步研究〉，《中央研究院歷史語言研究所集刊》第 40 本下冊（臺北：中央研究院，民國 57 年），頁 669～718。

23. 蕭啟慶，〈元代的宿衛制度〉《國立政治大學邊政研究所年報》，第四期，（臺北：政大，民國 62 年），頁 43～95。

三、講義筆記

1. 札奇斯欽，《蒙古史研究講義》。
2. 札奇斯欽，《蒙古文化史講義》。
3. 唐屹，《蒙古史研究》。
4. 唐屹，《蒙古文化研究》。
5. 唐屹，《突厥回紇文化講義》。

參、外文論著

1. Almond, G. A. "A Functional Approach", Almond, G. A. and Coleman, J. S. *The Politics of the Developing Areas*（Princeton, N. J. :Princeton University Press, 1960）.

2. Cooley, C. H. *Social Organization – A Study of the Larger Mind*（Glencoe, III. :Free Press, 1956）.

3. Eliade, Mircea. *SHAMANISM–archaic techniques of ecstasy* （New York: Bollingen Foundation; Bollingen Series, LXXVI. distributed by Pantheon Books, 1964）.

4. Hagen, E. E. *On the Theory of Social Change- how economic growth begins*（Bombay: Vakils, Feffer and Simons, the Dorsey Press, Illinois, 1962）.

5. Lapolombra, J. "The Comparative Roles of Group in Political System" in *Social Science Reseauch Councial*（1961）.

6. Mcgovern, W. M. *The Early Empire of Centeral Asia–a study of the Scythians and the Huns and the part they played in world history*（Chapel Hill: The University of North Carolina, 1939）.

7. Prawding, M. *The Mongol Empire- its rise and legacy*（New York: Free Press, 1967）.

8. Redfield, R. *Prasant Society and Culture* （University of Chicago Press, 1965）.

9. Vreeland, H. H. *Mongol Community and Kinship Structure*（Published by Human Relations Area Files, New Haven, 1954）.

附錄一　清代北疆政策之基本原則及其在歷史上之淵源關係

一、前　言

　　國史中歷代皆重其邊疆政策，尤其對於北疆政策。主要是因為歷代來自北方的威脅較大，而入主中國的民族也都起自北方（廣義之北方）。故而史書中每記對北疆政策之討論與朝廷之重視最為深刻，有時所見是放在對外政策製定的考慮之中，因此當南、北「兩國」平行對立時，所討論的是外交政策與國防問題。當「外」臣屬於「內」時，所見的討論仍有國防的構想，而外交政策就轉變成類似民族政策了。

　　清初未入關前即已開始經略蒙古，太祖、太宗二朝先收服內蒙各部。太宗平察哈爾後，外蒙喀爾喀曾遣使通貢。直至康熙時始收外蒙為藩，此又與準噶爾戰爭有密切關係。清對外蒙古所行之盟旗制度在這段時間逐漸完成與鞏固，是以清代入關前即已開始遂行其後之民族政策，並非入主中國後再對北方邊疆來制定一套北邊政策。清初太祖與科爾沁之關係還有聯盟的外交意味，不完全是在臣屬地位上著眼的民族政策。當外蒙喀爾喀內戰時，準噶爾之噶爾丹乘機東進，喀爾喀三部不敵而至漠南受清廷之安撫，不久康熙首度親征準噶爾，噶爾丹敗退西走，清廷之實力亦由之而伸張至其所收復之外蒙古，盟旗制度也隨之確行於外蒙古。清廷由於實力之擴張，並行其強化對外藩之控制，盟旗制即成其視為國內的一種民族政策了。理藩則例同於律令，為國內法甚明矣！

本文所指清代之北疆政策即指對蒙古地方所行之策略，係以盟旗制度為探討之依據，但為相映於國史中各時期對北方邊疆所行之政策，故於文中時而採用北疆或北邊政策一個通名，它可以表現於彼此因不同的關係為外交政策、或為民族政策。

二、盟旗制之基本原則

關於盟旗制度之源起、組織、演變等問題，已有不少論文做過研討，在此不擬重述，而本文所申述之重點也不在於對這制度作全面的介紹。至於盟旗制之本質亦為研究者所道及，強調這個問題，可以讓我們能簡要地了解盟旗制設立的本意，以及在近代北疆政治上所表現的實際狀況。

滿清初興時就有一套對付蒙古的基本構想，這個構想是建立在對於草原民族結合的特性上，也就是說敵體如何能產生勢力，而構成對已方的威脅這一方面來考慮。早在清太祖努爾哈赤時就指出了這點，他認為蒙古人有如雲一般，雲聚合則致雨，若蒙古部落聚合在一起，就可成為強大的勢力，但當部落各自分散時，就如同雲收則雨止，這時期就可將之一一收服。所謂「合」與「散」之原則，不只是作戰、擊破對方的策略，也是統治對方的基本概念。〔註1〕清初收服內蒙古，就是很能「散」去敵對的勢力而成功。

以下再舉數例來看清初所秉承的這個原則。在康熙中葉時期，我們從對於蒙古各旗的設立所採之基本態度中可以看出。當時蒙古若欲分立成旗，清廷無不允准，康熙認為蒙古人要各自為旗而不相統屬，正合「散」的原則，他說：「伊等若各自管轄愈善」，〔註2〕就是愈散離、分立則愈好。

乾隆帝有幾句話講得更為清楚，當時正值經略西北的強敵準噶爾，他在對軍機大臣們的論政中說出朝廷「辦理始意，亦惟欲按其四部分封四汗，眾建而分其勢，俾之各自為守」，〔註3〕這正是「散」的原則。

再如同治年間，西北回亂平服後，由於厄魯特蒙古曾有族人參與其事，

〔註1〕 參見《太祖東華錄》，卷一，頁35，天命八年五月乙未條：「蒙古之人猶比雲然，雲合則致雨，蒙古部落合則成兵，其散猶雲收而雨止也，俟其散時，我當攝而取之耳！」(《十二朝東華錄》，臺北，文海，民國56年5月。以下所引各朝東華錄，皆此本)。

〔註2〕 《康熙東華錄》，卷十三，頁491，康熙卅年十月乙亥條。

〔註3〕 參見《乾隆東華錄》，卷十三，頁479，乾隆十九年五月壬午條。另見卷十五，頁590，乾隆二一年十一月庚申條。

使得同治帝再度重申了這個「散」的原則，他說：「厄魯特人眾，臨之一方，不如散之各處」，〔註4〕這個厄魯特蒙古就是準噶爾所屬者。

「散」的基本原則自是防止其「合」，封建是最好的方式，盟旗制度也就應運而生。康熙中葉時有一條上諭說道：

昔太祖太宗時招徠蒙古，隨得隨即分旗、分佐領，封爲札薩克，各有所統，是以至今安輯。〔註5〕

如此封建可得安撫之效，分散爲各旗，實力自然亦分散，「各有所統」也就是號令不一，但重要的是在土地上的限制，令彼此有一定的界域，「倘有越此定界者，坐以侵犯之罪」，〔註6〕使得蒙古民族原來不受土地限制，可以自由交往、聚合的傳統，於此有了固定的限制，同時易於造成彼此的糾紛，很難再有「合」的機會了。故而以盟旗制度就是一種分化政策，應該不是言過其實的。

旗界的嚴格規定不僅限於平民，上至王公亦不得越界，雍正七年就曾處罰過一個越界的蒙古郡王，他遭到降爵處分。〔註7〕這種在土地上的限制，就是要加強地方的分裂性。旗是地方區劃單位，也有地方行政單位的性質，同時是封建的基本單位，其封建的規定中，強調了領主與屬民之從屬關係，旗內的人民永爲其領主之臣民，不但不得改隸他旗，更不能在他旗出任公職，〔註8〕如此，旗幾成爲地方上一個獨立的小領地了。

就旗的地方行政與權力而言，倒是有相當高的自治權，中央朝廷概不過問，這種蒙古人治蒙的政策很得好感，滿足了統治階層的政治慾望，沖淡了平民的亡國之感，民族的自尊心也獲得相當的安慰。

清廷對盟旗還有其控制之手段。旗主札薩克是以世襲爲原則，但由中央直接任命，也就有革職之權力，不過此例甚少。盟長監督旗的行政與軍事，權位較重，因之不得世襲而由皇帝簡派，人選則是本盟內各旗之王公貴族兼領。這樣一來，旗與盟之首長，清廷中央仍有多少不同的影響力，但清廷也的確極力保持盟旗之內的自治權，就此而言，皇帝派任個盟長，對旗界之限制，還有下面即將提到的軍事駐防之措施等等，蒙人對之也都成爲可以忍受

〔註4〕見《同治東華錄》，卷七七，頁1032，同治八年二月壬戌條。

〔註5〕見同註2。

〔註6〕見《太宗東華錄》，卷二，頁102，天聰八年十一月壬戌條。

〔註7〕參見《雍正東華錄》，卷七，頁308，雍正七年四月辛巳。

〔註8〕參見札奇斯欽，《蒙古之今昔》，頁190（臺北，中華文化出版事業委員會，民國44年6月）。

的，換言之，自治權懷柔了蒙古民族。

軍事駐防也是清廷對盟旗的另一種控制手段，主要是防範措施，可以監視又可鎮守。但要在蒙古地區屯駐軍隊必須運用得當，否則刺激蒙古人反而造成敵對態度。例如熱河都統之設，是爲了護衛熱河行宮，察哈爾都統之設，是爲了鎮撫叛變之故，綏遠將軍之設，是爲鎮撫土默特叛變之眾，烏里雅蘇台將軍之設，是爲了對付準噶爾之變，庫倫辦事大臣之設，是爲了辦理對俄國之交涉事務。這些衙門之設立，看來都不是爲了監視與防範蒙古而作，都有它們特定之目的，自然也不會去干涉盟旗之自治，因此最初的設立似與控制蒙古絕對無關。事實上恐非如此，不但權力逐漸擴張，往往就成爲監督盟旗的上級單位，以及奪取蒙古王公權力的執行單位。如此，盟旗之地位也就漸漸低落，就其中以庫倫大臣的情形最足以說明，看似決不與蒙古權力有任何相關，實則到後來已完全打破乾隆年間的一再申令；以所設將軍大臣們不得過問盟旗事務之規定。〔註9〕清廷以漸進之方式來達成奪權之目的，以障眼之手法做到鎮守之任務，這不能不說是治蒙政策之所以成功的要點。

盟旗制度也並非一律照章實行，蒙古民族也有逢到懲罰性的遭遇。例如前面說到的察哈爾都統之設置，就是在元代宗室之後裔布爾尼的叛變平服後，取消其自治權，沒有設立盟旗而另立察哈爾八旗，以都統（先設總管，後改升爲都統）治理。厄魯特蒙古與清廷長期的抗戰，當失敗的命運到臨時，蒙古人受到嚴厲的懲罰，悲慘的遭遇終不可免，例如在乾隆二十年，將其領袖阿睦爾撒納的部眾分賞給喀爾喀部爲奴，二十二年又兩度下了屠殺的命令，使得厄魯特蒙古人民嚐盡了因爭取自主而得到的痛苦。〔註10〕

清廷對蒙古政策，盟旗制度只是其中之一，但卻是最重要的一項，以之爲基礎再加上其他的措施來配合，就治邊政策而言，它達到了歷史上少見的盛況。盟旗建立之原則亦有三點可言：其一爲內蒙各旗，臣服於清廷，接受中央行政之分配，打消原來「部」之組織，重新予以旗之分配。其二爲外蒙各部，臣服於清廷，但仍有潛在的敵對勢力存在，中央之政令未必能行之如內蒙，於是乃承認其原有之組織、名號等，以爲籠絡之手段。其三爲反抗諸部族，則取消其

〔註 9〕參見李毓澍，《外蒙政教制度考》，頁 105～184，〈庫倫辦事大臣建制考〉（臺北，中央研究院近代史研究所，民國 51 年 6 月）。

〔註 10〕參見《乾隆東華錄》，卷十四，頁 533，乾隆二十年九月戊戌條，對厄魯特蒙古降俘部眾的屠殺令，見卷十六，頁 600，乾隆二十二年二月戊辰條，頁 631，同年 8 月癸酉條。

自治權，另編旗改隸，直接受到中央之控制，如察哈爾即是。〔註11〕由此看來，盟旗制並非清廷爲蒙古民族所設想周到之制度，至少其初意並非如此，如內地設省置縣一般。它本身有長久演進的歷史，由各朝代的發展而完成，可以說聚結了歷代政治家們的思考，以及學者專家們的反覆研討的結果，決不同於清初治蒙之便而採取的三個原則，這對清廷而言是相當成功的政策，也安定邊疆二百餘年，但對蒙古民族而言，雖然維持了長期的安定，不過卻要失去其自主的地位來換取。尤其在「散」的基本構想下，至少蒙古民族之實力是日趨減弱，此固不足以威脅清廷，但是同地也不足以抗衡來自俄國的侵略。

清廷治蒙政策除去盟旗制爲基礎外，還有其他一些措施來配合，由於這些措施的實施，又可以反觀盟旗制之本質何在，故而本文雖不討論清廷治蒙政策之各部細節，但也要在此作些提示以便參考。

根據各家的研究，大體上還有下面幾點清廷的治蒙策略：一是宗教政策，崇奉蒙古對喇嘛教的信仰以籠絡之。二是封爵政策，分封蒙古王公以拉攏其統治階層。三是互婚政策，借通婚爲姻婭之親。四是懷柔政策，包括年班制、圍班制、俸賜制等。五是隔離政策，包括蒙族本身、蒙藏、蒙漢等民族之間。六是愚民政策，禁止學習漢地語文、知識，並沒收蒙古文獻等。七是限制經濟發展，由「借地養民」到破壞蒙古之經濟。〔註12〕

上述各政策若簡要綜合之，不外懷柔與隔離二策。懷柔之策，宗教上係「用示尊崇，爲從宜從俗之計」，〔註13〕亦即「興黃教所以安眾蒙古，所繫非小，故不可不保護之」。〔註14〕封爵上爲「錫之王爵，無非柔遠至意」，〔註15〕

〔註11〕 參見方範九《蒙古概況與內蒙自治運動》，第四章，〈蒙古編制之原則〉（上海，商務，民國 23 年）。

〔註12〕 關於清廷治蒙政策可參看敘述較詳者，如陶道南，《邊疆政治制度史》（臺北，中華叢書編審委員會，民國 55 年 10 月）。柏原孝久、濱田純一合著，烏尼吾爾塔譯，〈清朝對蒙政策之研究〉，《中國邊政季刊》，第 23 期，頁 16～20（臺北，民國 57 年 10 月）。田村實造著，宋念慈譯，〈清朝統治蒙古政策〉，中國邊政季刊，第 44～47 期（臺北，民國 62 年～民國 63 年）。另有札奇斯欽，註 8 引書。何耀彰《滿清治蒙政策之研究》（臺北，東吳大學中國學術著作獎助委員會，民國 67 年 1 月）。鐘月豐《清聖祖與外蒙古之內屬》（臺北，政大邊政研究所，民國 72 年元月）。王鋯《清太祖太宗時代之滿蒙關係研究》（臺北，政大邊政研究所，民國 70 年 6 月）。

〔註13〕 見《乾隆東華錄》，卷四七，頁 1689，乾隆五八年四月辛巳。

〔註14〕 見前註。

〔註15〕 見《康熙東華錄》，卷三，頁 83，康熙十一年八月丁未。

亦即「朕世世爲天子，爾等亦世世爲王，屏藩百世」。〔註16〕互婚上是「我朝與蒙古世聯姻好，其王公臺吉等多係公主格格瓜葛之親」，〔註17〕以至於「有清蒙部，實多勳戚，天崇開國，康雍禦準，咸同之間，蕩定粵捻，均收其助」。〔註18〕圍班制是「所以肄武習勞，懷柔藩部者，意至深遠」。〔註19〕年班制雖有考核作用，但賞賚優厚，是中國朝廷歷代待外藩之傳統。俸賜制在於額高量鉅，以滿足蒙古王公養尊處優之生活，自爲達到懷柔之目的。

隔離之策在蒙族本身即遵循「散」之原則，蒙藏之隔離清廷特別注意，以兩民族長遠之歷史淵源與共同之宗教信仰關係，在清初乾隆至清末光緒，都可見明令規定不得私相往來，足見此爲清廷之基本國策。〔註20〕蒙漢之隔離主要在於文化上，如規定「王公臺吉等不准延請內地書吏教讀」，〔註21〕至於其他沾染漢習、蒙漢雜居、蒙漢通婚等，亦都在禁止之內。愚民之策又與禁止蒙藏、蒙漢相通有絕大關係，既禁止私相往來，自不易提高文化、知識之水準，故有研究之結果指出：清代治邊政策，約言之即對蒙古在於備用，故而欲塞其智而保其力，〔註22〕結果智在愚民之策下是塞了，但力卻未必保有。在限制經濟發展上，由於爲實施隔離政策，故而對蒙古與外界的貿易往來限制甚嚴，使得蒙古處於一個封閉的經濟區；而後復因「借地養民」與「移民實邊」之策，又破壞這個封閉的經濟區，嚴重影響了該地人們的生活。〔註23〕其經濟之落後，到二十世紀之今日都難以開發。

上面簡述了清廷治蒙政策之大要，約略以懷柔與隔離二大方面的諸種策略相互運用而成，然其基礎還是要在盟旗制的確立上，就是先決定「散」之根本，而後其他政策即易於推行成功。直到清末的學者，仍然公開稱讚清廷

〔註16〕見魏源，《聖武記》，卷三，〈國朝綏服蒙古記一〉，頁 67（臺北，世界，民國61 年 4 月）。

〔註17〕見《道光東華錄》，卷八，頁 269，道光十五年正月戊寅。

〔註18〕見《清史稿》卷二一五，〈藩部世表序〉，頁 1 上（坊印關外本）。

〔註19〕見《嘉慶東華錄》，卷五，頁 159，嘉慶七年七月甲午。

〔註20〕參見《高宗實錄》，卷二○六之二三，頁 3034，乾隆八年十二月癸亥（臺北，華文影印清實錄，民國 53 年）。另可參見《欽定大清會典圖事例》卷九九三之十一，頁 17009（臺北，中文，民國 52 年）。關於蒙藏之密切關係，可參見札奇斯欽《蒙古與西藏歷史關係之研究》（臺北，正中，民國 67 年）。

〔註21〕參見前註《清會典》，卷九九三之五，頁 17006。

〔註22〕參見楚明善，〈清代之治邊制度與政策〉（四川巴縣，《邊政公論》，一卷，2期，頁 1～3，民國 30 年 9 月）。

〔註23〕參見同註 8，頁 196、197。另參見註 12，何耀彰書，頁 143、144。

之治蒙政策的成功，如陳澹然在爲姚錫光的「籌蒙芻議」一書所寫的序文中說：「朝之御蒙古，眾建以分其力，崇釋以制其生，一絕匈奴回紇之禍，其術可謂神矣！」〔註24〕眾建即隔離，崇釋即懷柔，所言不虛。

三、歷史上的淵源關係

　　盟旗制是本著「散」之原則而建立，也是中國歷代帝王對外藩所常用的政策，所謂「眾建而分其勢」即是。檢討歷代的治邊政策並非本文之範圍，不過在歷史上提出一些資料作爲參考，對本文仍有其一定之意義，例如分離與懷柔之策，在歷史上是屢見不鮮的，但在實際上的成就則大小不一。

　　懷柔之策既是民族政策，也是外交政策，大體上不外和親、納幣、互市、封爵等等主要手段，有時是單獨實施而不能與分離政策並行，如漢初對匈奴之關係即如此，大約可說凡是中國弱或者威勢不足服「外」之時期，都要實行懷柔之策。分離之策是指長期考慮並實行的政策而言，不指短期間的一個計謀，如挑撥離間等而言，同時分離政策多包含有監視防禦系統之建立，清代之盟旗制是非常標準之分離政策，而在較早、且較著名的就是漢末的「建安制」。這類的分離政策又大約可說是中國強時，或者威勢懾服外藩時期所行之策。

　　東漢中期以後匈奴衰微日甚，內附於漢者也愈多，漢廷採取懷柔安撫之策，以至匈奴部族居於朔方諸郡而與漢人雜處，戶口日漸蕃息。漢末天下騷動，廷議皆以「胡」人漸多，恐合成盛勢而爲患，於是在建安（西元192～219年）中採行分離政策以對之，將匈奴等胡分立五部，各有部酋，命漢將監督之，漢廷以此爲「國小權分」之法，這就是「建安制」。

　　「建安制」自有其淵源，這與漢初賈誼提出以夷制夷之策相近，他主張收編匈奴部眾，使其捍邊，納入國家防衛體系之一環，而方法上用所謂「五餌三表」之策。〔註25〕自賈誼以後主張這種政策者甚多，不必一一再舉。漢末「建安制」自有其歷史背景，在大的環境上是內徙的外族漸多，表面上是內屬，但卻有爲亂的潛在顧慮，尤其當中國本身政局不穩之時，而在邊外仍有其他部族的威脅，這雙重的隱憂造成分離政策爲手段，以夷制夷爲目的之

〔註24〕見姚錫光，《籌蒙芻議》頁1下（臺北，文海影印光緒戊申刊本）。
〔註25〕參見賈誼，《新書》，卷四，〈匈奴事勢〉，頁31上（臺北，商務，四部叢刊初編）。

情勢。

「建安制」並非漢代對外藩的唯一民族政策,只是與本文所論盟旗制有類似之處,而其本質上又可說一致,故特別提出作爲參考。東漢時袁安、任隗曾提出徙戎之論,就是恐華北人口外族比例日增之故,但漢末以來外族之內徙不減而增,不論是款附內屬者,或被征服而強迫其移民者,長城內外遍佈。魏晉之際,外族就時或用之於防邊,而時或大量投入中國的內戰之中,民族問題日形複雜。北方的當政者皆以分離與以夷制夷的政策爲有效之手段,當時江統又提出徙戎論,他有深刻之研究,又分析了關中、沿邊州郡的外族數量、分佈等,同時說明了曹操「遂徙武都之種於秦川,欲以弱寇疆國,扞禦蜀虜」這種「權宜之計,一時之勢」的用意。〔註26〕

那一時期受制於中國的外族是在雙重統治之下,即部份部族保有原來的形態,部份則直屬於州郡,前者多打破原有部族建制、分離另成部族,類似盟旗制,「建安制」即保存部族之自治權,其首長是受命爲帥、都尉等名號者,但要受到派來的漢官之監督,其餘的單于、王公等只是虛號空銜,未必擁有實權。《晉書》中記載匈奴右賢王劉宣的一段話最可說明:

> 昔我先人與漢約爲兄弟,憂泰同之,自漢亡以來,魏晉代興,我單于雖有虛號,無復尺土之業,自諸王侯,降同編戶。今司馬氏骨肉相殘,四海鼎沸,興邦復業,此其時矣!〔註27〕

「降同編戶」即魏晉對外族雙重統治的一面,這種漢式的制度極不受到歡迎。這也說明了外族心中不平之處,以及欲擺脫中國控制之意圖。

受到雙重統治的外族自覺地位低落,而又備受壓迫,除去獨立的統治權喪失,其餘多受到在經濟上、兵役上、勞力上等等的剝奪;不是強迫爲「義從」,就是後送士家。「其不從命者,興兵致討,斬首數千,降附者萬計,單于恭順,名王稽顙,部曲服事供職,同於編戶。」,〔註28〕這裏至少可以印證劉宣所說並不是毫無根據,連降服後僅有的自治權也都完全喪失。

魏晉時期所謂「田客」,以及奴婢買賣,當時不論漢人或外族都有可能淪落到此,因時代動亂與社會不健全之發展有以所。但這很容易給有志於「興

〔註26〕見《晉書》,卷五六,〈江統傳〉,頁3上、下(臺北,藝文影廿五史,以下所引正史皆此藝文本)。
〔註27〕見卷一○一,〈劉元海載記〉,頁7上。
〔註28〕見《三國志·魏志》,卷十五,〈梁習傳〉,頁10上。

邦復業」者的藉口，劉宣勸說劉淵舉兵起事就說：「晉為無道，奴隸御我」，
並且提出劉猛叛晉之前例，指出了劉猛亦是因此而「不勝其忿」的。〔註 29〕
劉猛即是在「建安制」之下為右賢王、中部帥，右賢王為匈奴本身之號，中
部帥為魏晉所授。當時奉命討伐者為何楨，他以為劉猛「眾凶悍，非少兵所
制」，乃誘使劉猛的左部督李恪殺之，匈奴各部於是震服。〔註 30〕在分離政策
下，匈奴不易集合全部的勢力，而以夷制夷之法能充分發揮。像劉猛欲脫離
中國之控制而獨立，不願納入中國防衛體系之中，雖然是以失敗收場，但也
說明了在「建安制」之下，仍會發生爭取自主權的鬥爭；這不只是一種民族
主義的情緒，也有實際的例證。

　　劉猛的「不勝其忿」不會是沒有原因的，外族若受到侵侮，最直接也應
是來自邊吏、邊將們，或者倚賴官府的強豪等，這也最容易激起民族間之衝
突。在漢代就可以看到這類例子，如羌人之亂，東漢初班彪即指出：

　　　羌胡被髮左衽而與漢人雜處，習俗既異，言語不通，數為小吏黠人
　　所見侵奪，窮志無聊，故致反叛，夫蠻夷寇亂，皆為此也。〔註 31〕

這種情形到東漢中期似乎仍未改變：「時諸降羌布在郡縣，皆為吏人、豪右所
徭役，積以愁怨」。〔註 32〕范曄對此的評論說是「朝規失綏御之和，戎帥騫然
諾之信，其內屬者，或倥偬於豪右之手，或屈折於奴僕之勤」，〔註 33〕如此看
來，外族反抗漢人之舉動；實在是有其原因。

　　五胡亂華前夕，外族已有舉事者，劉猛只是其中之一。震驚晉初朝野的
涼州之亂，是鮮卑、羌等族的公開反抗，晉武帝特為此而召賢良策問，當時
阮仲對於這個「蠻夷滑夏」的策問是這樣的說：

　　　……自魏氏以來，夷虜內附，鮮有桀悍侵漁之患，由是邊守遂怠，
　　郭塞不設。而今醜虜內居，與百姓雜處。邊吏擾習，人又忘戰。受
　　方任者又非其材；或以狙詐，侵侮邊夷；或干賞滔利，妄加討戮。
　　夫以微羈而御悍焉，又乃操以煩策，其不制者，固其理也！〔註 34〕

阮仲所言確足以代表時論，所說之情形與東漢時並無差異，可知這是個長期

〔註 29〕同註 27，頁 8 下。
〔註 30〕參見《晉書》，卷九十七，〈四夷傳〉，頁 37 上～38 下，匈奴部份。
〔註 31〕見《後漢書》，卷一一七，〈西羌傳〉，頁 6 下。
〔註 32〕見前註，頁 13 上。
〔註 33〕同前，頁 23 下。
〔註 34〕見《晉書》，卷五二，〈阮秉傳〉，頁 7 下、8 上。

存在之狀況，尤其對於內屬民族所行的政策之失。在《晉書》中又記載氐、羌等族於惠帝時（西元290～306年）發生變亂，其原因是鎮守關中地區的趙王倫「刑賞失中」所致。〔註35〕

如果再看看建立後趙（西元319～350年）政權的石勒，據史書所載他早年的經歷與生活，那是許多外族都有與之相似的遭遇；如胡人常被販賣爲奴，受到輕視與毆辱，或被召爲田客力耕等等。〔註36〕

上面簡單地舉證，說明外族與漢人間之衝突有很長的潛伏期，五胡亂華決非偶然，或短期間促成，外族「積以愁怨」確實是易於激發爲叛亂。普通百姓若受到官府的壓迫，可能即起而抗之，所謂官逼民反。外族之反抗可類於此情形，固不可全以民族之衝突、鬥爭來解說之，但彼此間之關係與動亂卻有重大關連，這也是不容疏忽之處。即如「建安制」之成功於一時，仍不足解決其後的外族問題。制度本身之檢討雖屬重要問題，而其他配合之條件或制度，也與之息息相關而不得偏忽。

政策的利弊得失在施行之前應有相當之討論，有時在理論上與施行的現實結果上未必能符合，除去檢討政策設計的本身外，往往還需注意施行的全部過程。理論與施行兩個層面不但要各別討論外，也必須分析兩者間相關的問題，然後不斷做修正與改變，故而在設計政策之際，事實上也包括了施行之細節，以及可能之結果的預估。不過我們決不能忽略的是施行要靠人爲，人爲之因素是人才，若不得人才，縱有良法美意，亦終不得實現。政策設計可以規之爲「事」，則人爲實踐就是「人」，有的是屬於「事」之問題，有的是屬於「人」之問題，還有屬於兩者並生的問題。

本節所提出之「建安制」，以及魏晉時外族起事等，約略可以看出制度之本身初期相當良好，這是屬於「事」之一面，雖然這一方面未有行之久遠而不變動者，因時勢之推移而有因應之策，但基本原則仍然是「國小權分」與「以夷制夷」。在外族的感受是「不勝其忿」與「積以怨愁」，則大部份屬於「人」之一面的問題。及至五胡亂華之前夕，「人」與「事」之兩方面必已大壞無礙了。

還有值得注意的是民族問題，這也是最敏感的問題。中國自先秦以來形成的「夷夏」觀念，的確在決策上造成心理的負擔，即對夷狄之人的看法形

〔註35〕參見《晉書》，卷五九，〈趙王倫傳〉，頁11下。
〔註36〕參見《晉書》，卷一○四，〈石勒載記上〉。

成一種傳統的觀念。根據此，再加上歷史的例證，往往就成爲政策的基礎理論。司馬遷的匈奴列傳可以爲傳統夷狄觀念之代表，由於這種觀念很清楚地表達了一種「非我族類」的意識，所以在政策上無形中就顯現出對待外敵的態度，不是和、就是戰，要不就是分別天下而應變對付之策。

　　和與戰在整個西漢時都有熱烈的討論，那時的討論也與後來歷代之討論相差無幾，由於利弊互見，也就始終爭論不休，在此不必多加論述。現在且舉一則資料來參考，這是班固對西漢和、戰議論的批評，同時提出了自己的看法，他所說的重點如下：

> 夷狄之人，貪而好利，被髮左袵，人面獸心。其與中國，殊章服、異習俗，飲食不同，言語不通，辟居北垂寒露之野，逐水草隨畜，射獵爲生，隔以山谷，雍以沙幕，天地所以絕外內也。是故聖王禽獸畜之，不與約誓，不就攻伐；約之則費略而見欺，攻之則勞師而招寇，其地不可耕而食也，其民不可臣而畜也。是以外而不內，疏而不戚，政教不及其人，正朔不加其國，來則懲而御之，去則備而守之，其慕義而貢獻，則接之以禮讓，羈縻不絕，使曲在彼，蓋聖王制御蠻夷之常道也。〔註37〕

班固所言之御蠻夷的常道，就是絕外內的分別天下觀念，正所謂「長城以北，引弓之國，受命單于；長城以內，冠帶之室，朕亦制之」。〔註38〕至於對待之政策，就是來禦、去守、羈縻互用的應變原則，這裏有外交與民族雙重政策的並行。戰、守且不用去論，羈縻的問題倒成爲東漢晚期以後的重要問題，徙戎論、建安制都與之有莫大關係。我們不妨這樣來看，班固雖然提出「使曲在彼」的羈縻之策，但施行之細節與夫現實環境，漸演變成建安制之結果，羈縻之意仍在，但分離的意義更大。若由此來看清廷之盟旗制，羈縻固屬羈縻，然則不正也是「國小權分」的分權意義要更大些。因爲「夷夏」之民族觀，根本明分內外，視之爲敵者固不用說，引之爲外藩的也在羈縻之下，這些都是古代歷史之發展使然，原也無可厚非者。

四、外藩與聯盟

　　清代盟旗制是歷代治外藩政策中最爲成功者，前文已略作提示。不論盟

〔註37〕見《漢書》，卷九十四下，〈匈奴傳下〉，頁 25 上。
〔註38〕見《史記》，卷一一○，〈匈奴傳〉，頁 17 下。

旗制也好，或上溯至「建安制」也好，都是對待外藩之態度而設，並不眞正直視爲國人子民，因而不能有如同內地一般的行政區劃。盟旗之置，若只因蒙古地方情況之特殊而爲的行政區劃，有如內地的省縣一般，則其問題係屬地方政治制度問題。但事實已知不然，蒙古民族是被懷柔與分離政策所羈縻的「外藩」，既不可能參與中國的政治圈內，更不可能待其生聚爲強大的勢力。他們以生活物資的需求與擁有內部的自治權，來換取臣屬的地位，這種關係的維持與古代歷史中所見並無多大差異。同樣地，當中國內部產生危機，或者外藩受到其他勢力之壓迫時，情況隨時都會有所改變。

若盟旗只是與省縣不同名稱之行政區劃，則其中與中央之關係至少應無差別，事實上也並不如此，這是就政治制度來看。蒙古地方與清廷類似一種聯盟的關係，它擁有其自治權，清廷初置的監鎮單位是以國家防禦體系之名義來實行，而且絕不侵干蒙古之自治權。其實西藏地方也可視之爲聯盟之一的體制。外藩是就國防體系而言，聯盟是就國家組織而言，這兩者也常常合而爲一。

在前節中多言及「建安制」，它的性質以對待外藩爲重，實有的外藩，應是國內的民族政策。聯盟組成的意識以唐代最爲明顯，天可汗制度之建立則爲最佳之例，從漢唐時期所見之都護府、都督府等，就是中央的監鎮系統，也是其國家戰略之一環，而其所在之地，都是參加聯盟體系的各部份，它們也都擁有其自治權，監鎮的單位並不侵干其自治權。〔註 39〕在中國分裂與衰弱時期，自無所謂外藩與聯盟之組成，但即使如此，這類的觀念仍有，例如宋太宗太平興國七年（西元 982 年），西夏的李繼棒納地朝宋，當時西夏雖未立國，且實則爲自治的割據勢力。到李德明時代（西元 1003～1032 年）受封爲夏王而立國，這是虛有的外藩，宋只有名義上的宗主國而已。〔註 40〕

上面舉出中國強盛時期與國勢稍微時期，在實際上與名義上都有外藩或聯盟的形成，在中國政治思想裏似乎成爲一種傳統，這是對外族的政治思想而言，在中國之內還是以大一統的觀念爲主。對外族自先秦夷夏觀形成後，所謂內外、親親之義在政治上的表現以「尊王攘夷」最爲動聽，當夷被攘到

〔註 39〕關於唐代天可汗制度，可參見羅香林，〈唐代天可汗制度考〉，《唐代文化史》，頁 54～87，（臺北，商務，民國 63 年 6 月）。林天蔚，《隋唐史新論》，頁 239～270（臺北，東華，民國 67 年 9 月）。

〔註 40〕參見《宋史》，卷四八五，〈夏國傳上〉，頁 3 上～12 上。

諸夏之外時，就形成為中國與外邦的兩個天下。中國勢強之時，視這些外族政權為外藩與聯盟之國，是早在古代的歷史發展之中。我們再回頭看前面所引班固的一段話，至少可以知道中國對外族之邦是「外」而不欲「內」之的。

　　至於中國勢弱與衰亂之時，外族得以對立相峙，乃至於割據立國於內地，或者入主中原一統中國。它們的政治思想部份可有研究之結果，部份則相當有限，但大體上還可約略言之。由氏族、部族到部族聯盟就組成其簡樸的政治集團，將部族聯盟之領袖——可汗或其同義之號，視之為該集團之中央，則其政權可視之為一國家。各部族基本上是有其自治權，而且往往是高度的自治權，聯盟勢力之強大就是能集合各部族之力所致，而部族與聯盟間存有游牧的封建關係。若參看《史記》與《漢書》對匈奴等民族的記載，當可得到簡要的概念，其詳細的析論不是本文之主旨。所以指出這點是提示聯盟的政治體制，這可以看為北方外族的一種聯盟思想。

　　南北朝時期北方外族在中國內地建立許多政權，雖然受到漢化的影響，但其政制仍有明顯的部族與聯盟之關係存在。遼、金、元三個朝代更不乏這樣的形態，其與北朝各國一樣，雖有中國式的皇帝之稱，實則在其本身而言就是大可汗。它們一方面有其民族本身之聯盟傳統，又以中國朝廷對待其他民族這一傳統，也有聯盟或外藩的觀念，這兩個不同傳統竟然可以相符合；例如視遼代的國家性質與政制，亦就是個聯邦國家。〔註41〕金與元兩代這種色彩更為明顯，如元朝各帝為中國之皇帝，亦是蒙古帝國之可汗，各分封汗國也有其可汗，對整個蒙古帝國而言，各汗國是共同組成的部分。

　　清朝是東北民族所建，受到相當深刻之漢化，盟旗制度之立，在國家組織與政治體制上都有其本身以及中國之傳統，不過它更能完備些，也更能成功些。但也不能避免兩千年來傳統帝制所走過的路子，就是當中央衰微、內部動亂之際，這些外藩或聯盟之國即與宗主國之關係發生變化，外蒙古獨立的經過應是最好的說明。

五、結　論

　　天命四年（西元 1219）察哈爾的林丹汗致書努爾哈赤說：「統四十萬眾蒙

〔註41〕參見陳述，《契丹史論證稿》，《遼史彙編》第七冊（臺北，鼎文，民國 62 年 10 月），頁 119。

古國主巴圖魯成吉思汗，問水濱三萬人滿洲國主英明皇帝安寧無恙耶」，〔註42〕這是清人初起時，林丹汗以蒙古之國對滿洲之國的平行態度，雙方是兩國間的外交關係。及至林丹汗敗亡，皇太極收服察哈爾，終而成爲內蒙的保護者。臣屬關係建立後，陸續施行的盟旗制度爲清廷之民族政策，外蒙「內」屬亦自不例「外」。

透過盟旗制可以看出清廷所行北疆政策之基本原則，即以懷柔與分離之原則而含有監視與防衛系統之建立。從歷史上的淵源來考察，這也是國史中許多時代裏所用之策，不論是在兩「國」對立之外交關係，或對內屬民族所採用之民族政策，這兩個原則始終是經常地展現。

由歷史中探究漢末的「建安制」也好，清代的盟旗制也好，皆有其政策建立的時代背景與因應之考慮，若以制度本身屬於「事」的一面來看，傳統夷夏觀念有內外、親親之義，極不易視其時之「外族」爲國內臣民，〔註43〕故而在構想整個制度時即不能眞正以之爲「內」。在實行制度人事的「人」來看，若不視爲一家，又有不當舉措時則更易引發民族情緒上之糾紛。

歷史上所見之外藩都有相當程度的自治權，各族與中國組成聯盟式的關係，這與部族聯盟的形態有相似之處，漢人與非漢人間的思想可以相通。國家可不斷包容擴大，中國即不斷包容擴大，滿清入關與蒙古內屬，即可由此視之。

清代時蒙古已內屬中國，爲中國不可分割之部份，盟旗制度在理藩則例之中，是國內的特別法，既內之就不宜外，初期建立的基本原則應改弦易轍。蒙古成爲邊疆之地，但不宜視爲傳統之外藩，主動積極對之開放、建設，培養共識，不分內外，使蒙古屬於中國，而中國亦屬於蒙古的，則清末蒙古之動盪不安庶幾可免。

（原刊於《文史學報》，第十六期。台中：中興大約，民國 75 年）

〔註42〕見《太祖東華錄》，卷一，頁 117，天命四年十月辛未條。

〔註43〕參見拙作，〈論上古的夷夏觀〉，《邊政研究所年報》，第 14 期（臺北，政大，民國 72 年 10 月），頁 1～30。

附錄二　略論民國初年之「泛蒙古運動」

一、前　言

　　所謂「泛蒙古運動」（Pan Mongolian Movement）是指民國八年（西元 1919年）初由謝米諾夫（Grigorii Mikhailovich Semenov）所發起的政治活動，也稱為「蒙古國體運動」。他在一月十日於上烏金斯克召開會議，謀組聯合政府，從此有具體的政治活動，而後經二月十九、三月十五等二次的大烏里會議，成立其策劃中的泛蒙古政權。謝氏之母為蒙古人，他本人為下貝加爾省的布里雅特（Buriyat）蒙古人，幼居庫倫，曾為庫倫俄領事館之衛兵。

　　謝米諾夫的政治活動雖與俄國革命時期動盪的局勢有直接關係，但其背後又牽連到列強之參與，以及外蒙古問題。尤其是外蒙古問題，由清末獨立、自治、撤治、到第二次獨立這一系列的發展，緊湊而複雜，其中撤治問題即跟隨著「泛蒙古運動」而產生，而撤治問題卻又直接與外蒙古之赤化有密切關係。關於撤治之因素及其經過已有專題的研究，〔註 1〕而謝氏所發起的運動可說是有最直接的催化作用。在此運動的過程中，北京政府的決策與撤治的完成，何以未能解決外蒙古問題，而不及二年終落入共黨政權手中？這期間的演變應該以「泛蒙古運動」為一契機，易言之，撤治雖醞釀於先，而謝氏之活動正加速外蒙在政治動向中的抉擇。當外蒙拒絕謝氏後，則更需北京方面的支持，在此

〔註 1〕　關於外蒙古之自治、撤治等問題，可參見陳崇祖《外蒙近世史》（臺北，文海，
　　　　　民國 54 年），李毓澍，《外蒙古撤治問題》（臺北，中研院近史所，民國 50 年），
　　　　　札奇斯欽，《外蒙古的『獨立』『自治』和『撤治』》（中國現代史叢刊，第四
　　　　　冊，臺北，正中，民國 53 年）等。

有利的局勢中，正可使外蒙回歸於祖國之內，至少可維持前清時的形態，亦即「均各情願取消自治，仍復前清舊制」，〔註2〕也就是雖取消其自治政府，但盟旗仍有相當之自治權。實際上之結果是連這種保守之狀態亦無法維持，北京政府雖完成了撤治，卻無法徹底解決外蒙之問題，或者有效之治理，除去滿足冊封典禮時「自有蒙古數千年以來，此爲第一盛舉」〔註3〕的虛榮心外，並無實際之利。從而後外蒙古又尋求第二次的獨立來看，撤治的決策與處理並不是成功的，也同時暴露了北京政府並沒有充分的能力來治理外蒙古，這其中包括了抵禦外國之勢力。

二、「運動」之時代背景

雖然在「泛蒙古運動」期間，關係最密切的列強爲日本，其次應爲俄、美；但其他列強也有對華之企圖，只是勢力範圍之不同，加之國際政治上錯綜複雜的外交關係，各國間都有著密約或協定。本文簡略敘述，只在說明其時之背景，故不及詳論徵引。大體上美國是需要英國強大的海軍援助，而英國處處覺得受到德國之威脅，英、美二國基於顯明的理由，發現他們在遠東、加勒比海及大洋交通上的利益一致，因此，英、美之行動幾乎完全一致。〔註4〕他們深恐對華之利益爲他國所奪，約在美西戰前，英國即建議英、美二國應聯合行動，共保在華自由通商之機會，但美國國務院沒有接受。一八九九年，由於製造業者及貿易商力促華府對東方採積極干預政策，並重提對外商務局之舊話，說中國是美國發展世界市場一個最有前途之地，同時傳教團體也出而支持，華府遂轉採新的立場。不久，所謂「門戶開放」政策即產生，自然這也合乎英國所秉持之原則——他們所關切的不在中國領主與主權之完整與獨立，而是保持中國市場爲公平競爭的處所，以及他們的商業利益。

美國在威爾遜總統任內，其對華的政策是半孤立的，他的外交行動是不同意銀行團貸款中國，他不贊成貸款之條件，亦不贊成所牽涉到的責任。簡言之，美國只要列強在華維持現狀，也就是利益的均勢，則其政策將不會有所轉變；他主張用仲裁與調停解決爭端。美國與他國商談過類此的條約有三

〔註2〕語見民國8年11月22日大總統令文，陳崇祖前揭書，第三篇，頁6。
〔註3〕見陳崇祖前揭書，第三篇，頁11。
〔註4〕參見A. Nevins and H. S. Commager；A Short History of the United States，臺北，坊印本，第十九章。

十個，但德國拒絕接受。當日本向中國提出廿一條時，美國國務院提出抗議，認為此舉構成了對門戶開放政策及國際法的公然破壞。美、日新興勢力的擴張，在遠東乃引起競爭與敵對。〔註5〕

在「泛蒙古運動」期間，美國態度並不明顯，直到後來日本積極扶助謝米諾夫的擴充時，美國始採取較明顯的行動，出兵示警（詳後文），美國的行動是循此前為防止日本的急速擴張而來。後來在外蒙古撤治談判時，庫倫方面曾請美國干涉，但無結果。〔註6〕

日本在遠東勢力之急速擴張，經過中、日甲午之戰與日、俄戰爭後得以確定。日本進圖滿蒙之地，更計畫擴及西伯利亞，以箝制俄國，並圖中國之北疆，這些計畫雖然要受到列強的干預，但在俄國革命之際，日本有機會利用部份白俄來盤據東部西伯利亞，同時利用德俄停戰及德人東進為由，以大量借款中國為餌，企圖控制中國軍事，並染指吉、黑二省及中東路。日本之野心是控制西伯利亞以圖中國北疆，又以滿蒙為進窺中國內地之基地，故而大力援助謝米諾夫，以這次的「泛蒙古運動」為一良機。其實日本侵華的企圖無法隱瞞，當時的北京政府也很清楚。〔註7〕

日本曾與列強有五國諒解，以及美日藍辛石井協定，使日本在東北方的西進政策定好基礎。近代以來中國在北疆最為憂慮的日、俄兩國，舉凡每一行動無不露出其急切之侵略心，可惜是中國雖有警覺，但國勢不盛以及內部不安，至於處理外蒙古問題失策，遂使中國北疆危機由日俄二國之交侵演變成俄共的一手導演。

俄國的東向擴張與侵略中國之邊疆為眾所周知，大約在十九世紀中期以後其勢力已入外蒙，從一八五八年的「璦琿條約」，一八六〇年的「北京條約」，一八六四年的「塔城界約」，一八六九年的「中俄科布多界約」，「中俄烏蘇里台界約」，一八八〇年的「伊犂條約」等，可知俄國在政治、外交、經濟各方面勢力已漸入外蒙古，〔註8〕而後來外蒙古辛亥之獨立到自治，俄國皆參與其事，可知其勢力的影響及其野心所在。

〔註 5〕 參見同前註，第廿一章。

〔註 6〕 參見札奇斯前揭文，頁 119。

〔註 7〕 以上參見李毓澍前揭書，頁 44、45。

〔註 8〕 可參見張遐民，《俄帝侵略下之外蒙古》，（臺北，蒙藏委員會，民國 53 年），頁 52〜54。另見程發軔，《中國俄國界圖考》（臺北，蒙藏會，民國 59 年）有關各約條文。

　　在一八七八年柏林會議中德俄感情不佳，英國相信德國的世界政策遠比法國的殖民競爭更爲危險，一方面採取對法之妥協，一方面在一八九九年與俄國締結密約，約定英國不營求長城以北之鐵路權益，而俄國則不營求長江流域之鐵路權益；雙方皆不直接或間接阻礙既得之權益。但英國仍顧忌俄國在中國北疆之發展，遂有一九○二年之英日同盟，接著英法協商跟法俄之同盟成立。德國又與英法交惡，一九○九年德奧與英法俄紛爭，以及再次交惡等，可看出兩面對立的集團。俄國在中國北疆之擴張頗爲顧忌英、日二國，故與日本訂了四次密約，無非是劃分滿蒙之勢力範圍，互保彼此之權利，以及抗拒他國勢力之侵入等。〔註9〕俄國又與英國訂約，以西藏爲對英之交換條件，確保其在蒙古之勢力範圍。〔註10〕當「泛蒙古運動」期間，俄國正值革命紛爭之際，赤、白黨的戰亂給予謝米諾夫活動的機會。

　　在中國本身而言正值多事之秋，南北的分裂對立固不待言，北京政府亦是派系相爭的軍閥政治。就以完成外蒙撤治的安福系來說，段祺瑞迷於武力統一中國之夢，而在參戰初期議論時已與日本密結，民國六年對德宣戰，有所謂「西原借款」，段氏將此巨額借款部份用於編練參戰軍及製造安福國會。次年，徐世昌爲新國會選爲總統，段祺瑞辭總理職而留參戰督辦名，安福系仍握有參戰軍。而後徐世昌發布停戰令，南方廣州政府亦繼之，雙方乃有和平會議之召開，於是參戰軍遂成爲南北爭議之重。但段氏欲保其武力，改參戰軍爲邊防軍，並以徐樹錚爲西北籌邊使來掌握這支武力，不久就有外蒙撤治的開始；而中日共同防敵協定，實爲參戰軍出兵外蒙之動力。

　　外蒙受俄國支持於辛亥年獨立後，俄國一則積極壟斷外蒙之權利，連續訂立許多條約，一則極力排除中國之勢力。在自治以前雖然俄國頗能掌握其在外蒙之權利，也正因此遭到部份蒙人之不滿，北京政府亦致力於宣撫，外蒙局勢並非無扭轉之可能。迨外蒙自治以後，北京政府所任命之庫倫辦事大員，即都護使陳籙，及後來繼任之陳毅，二人在外蒙之政績良好，尊重其自治政府，頗得蒙人之心；而俄人之攘奪益使外蒙之親華派逐漸抬頭，此皆於「泛蒙古運動」及撤治中有相當地影響。〔註11〕

　　內蒙古在辛亥革命時也產生了不同的政治動向。卓索圖盟喀喇沁王貢桑

〔註 9〕參見同前註，頁 54、55。
〔註10〕參見郭廷以，《近代中國史綱》（香港，中文大學，1980 年），頁 440。
〔註11〕參見札奇斯欽前揭文，頁 72，李毓澍前揭書，第三章。

諾爾布，曾連絡外蒙古商討合作，同時也召集內蒙的一些領袖共商應對之策，
外蒙雖支持其進行革命，但民國五族共和之號召，使其打消脫離中國之舉動。
響應外蒙獨立的蒙古勢力有呼倫貝爾，但在民國四年的中俄蒙三方協定後終
止。西部內蒙烏蘭察布盟的盟長勒旺諾爾布，以及察哈爾與錫林郭勒盟等部
份領袖，都支持外蒙之獨立，然而也都沒有成功。在哲里木盟的札薩克圖旗
的札薩克烏泰，與蘇敖公旗的札薩克喇什敏珠爾，也在民初宣布獨立，後來
爲張作霖勢力所敗，逃亡外蒙而去。另外有反開墾的糾紛事件發生，由昭烏
達盟札魯特左旗的協理台吉郭布札布所領導，因爲地的糾紛而造成的亂事，
不久也被迫退往外蒙。卓索圖盟土默特旗的巴布札布，他在民國二年起兵於
哲里木盟，他是參加宗社黨而發起反革命的復辟戰爭，雖然聲勢浩大，但也
因其陣亡而勢力瓦解。〔註12〕總之，內蒙古或響應外蒙之獨立，或欲自治的
行動，不論其原因如何，動亂的隱憂應是存在的，尤其是有外來的引誘如「泛
蒙古運動」之類，難免會有所波及，而且日本此際已在內蒙東部活動，使得
內蒙情勢頗爲複雜。

　　俄國革命引起之動亂甚廣，與赤俄相抗的白俄政權並不統一，列強後來
承認的鄂木斯克（Omsk）政府是由帝俄海軍上將闊爾卻克（A. V. Kolchak）
所主持，〔註13〕當時的謝米諾夫僅在貝加爾湖一帶活動，其勢力並不大，受
鄂木斯克政府之節制。今就中研院近史所整理民國六年至八年之《中俄關係
史料》外蒙古部份爲本，可清楚看到謝米諾夫勢力之滋長，以及「泛蒙古運
動」之經緯。以下所引各電文，均採自《中俄關係史料》外蒙古部份。

三、「運動」之始末

　　民國七年二月廿七日張作霖電稱：「俄和平派軍官森門諾夫（謝米諾夫）擬
組隊赴俄國西伯利亞鐵道與東清鐵道接軌之赤塔地方駐紮，以堵激烈黨之東
漸」。此爲謝氏初期之活動，而西伯利亞之紛亂除白、赤俄之爭外，尚有被釋放
之德、奧戰俘二十萬，以及捷克參戰軍等，更助長該地之混亂。而後日本乘機
一則出兵西伯利亞，並派艦入海參威，一則利用謝氏盤據東部西伯利亞。英、

〔註12〕以上參見札奇斯欽，《蒙古之今昔》（二）（臺北，中華文化出版事業委員會，
　　　　民國 44 年），頁 214～217。
〔註13〕關於俄國革命時期各反共政權可參看李邁先，《俄國史》，下卷（臺北，國立
　　　　編譯館，民國 63 年 10 月），頁 448～451。另見 J. A. White, The Siberian
　　　　Intereation，臺北，坊印本，pp.93～124。

法、美軍等雖亦相繼入海參威，造成協約國出兵西伯利亞之局面。〔註14〕日本之積極行動使得列強、俄共、北京與外蒙皆感不安，俄共又利用列強間之矛盾，欲以美國之壓力迫使日本退出北亞大陸，故成立「遠東共和國」以混淆國際視聽。〔註15〕

民國七年三月十六日，駐哈爾濱交涉員施常紹電文稱：「現日本供給機槍卅六架，英法供給重砲二尊，過山砲四尊，由津運哈，解往滿站，接濟謝米諾夫」；此時聯軍各國尚未決定出兵干涉西伯利亞，日本亦未出兵，但皆已援助軍火以抗俄共。謝亦開始積極召兵，四月九日黑龍江督軍鮑貴卿電稱：「查謝隊……所召募華工不一，間有胡匪在內」，十八日電稱：「惟查謝此次招工其名，募兵其實，前已持械出操，……而英、法、日均派有參謀，在彼協助主持」，謝氏召兵買馬以及受聯軍支持可知。

民國七年底謝氏實力大增，又復與內蒙卓索圖盟之富陞阿勾結。鮑貴卿於十二月十八日電中稱：「富陞阿現駐大烏里，所步騎兵約三千人，並有山砲、野砲共二十尊，機關槍十餘架，有三小支隊分駐齊部（齊齊哈爾）以西，每隊約五、六百人」，廿八日電稱：「現謝部下富陞阿派人來滿募兵，月餉極優，……又據報富在謝軍已升為旅長，其兵力有騎兵千餘，器械精足，現駐大烏里」。當七年底時謝氏隸屬於十一月為聯軍所承認之鄂木斯克政府，但復因不聽節制，遭闊爾卻克免其第五師長之職，而聯軍各國祖闊氏，日本則支持謝氏。

據民國八年一月十五日黑龍江方面來電整理出其時之形勢如下：（1）謝米諾夫自為第五師團長，司令部內有德軍官二人，專辦機務要事，各協約國除日人外，知者甚鮮。（2）謝部各營團現均設隨營蒙文學堂，每日教授俄軍官蒙文蒙語二小時。（3）謝氏在大烏里一帶募兵，入伍蒙人居多。（4）謝軍勢力自博克圖至赤塔以西，其自伊利古斯克以上至烏拉陳斯克，均屬闊氏勢力，謝氏礙於協約國不敢攻闊氏。由上可知謝氏之活動並非只在召兵作戰而已，一月四日時庫倫大員陳毅的電文中已說得很明白：「日本欲擁謝米諾夫獨立，自成政府，舉西伯利亞東部自拜喀爾湖東至海參威，歸謝氏管轄……」。實則在七年底時，謝氏即勾結部份蒙人召開成立聯合政府之議，有日本軍官

〔註14〕參見李毓澍前揭書，頁 45～45，李邁先前揭書，頁 451～454。
〔註15〕參見註13，J. A. White 書，另見金銚鴻，〈泛蒙古運動真象之研究〉，《中國邊政》，第 26 期。

及外蒙代表參加，此據八年一月十七日陳毅電文中得知。到二月間謝氏已召
開組織政府的正式會議（第一次大鳥里會議），三月一日陳毅即電稱：「日本
欲扶植謝氏聯合布里雅特蒙人及內、外蒙，東自滿州里西至烏金斯克（烏蘭
烏德），自成一國」。可知謝氏之活動係有計畫組織政府，同時受日本大力支
持，又牽涉及內、外蒙古，不單純是赤、白黨之相爭。

　　民國八年一月十日，謝氏覺勢力已足，於是在上烏金斯克開會商討，議
定二月間在大鳥里召開正式會議，他因投效到白俄自主政府之下，〔註16〕此
一時期之武力又擴充不少。據二月五日鮑貴卿引參謀駱賓之調查稱富陞阿之
兩團由白福明、馮聲閣二人領導，所轄有騎兵四營，每營二百人；砲兵四營，
每營百廿人，機槍一營，有槍三架，二百四十人，其槍械由日本供給，操練
由俄軍官擔任。謝氏受自主政府任命爲西伯利亞軍團長，在日人供給裝備下，
又添練兩師團人馬，其成員複雜，有俄人、布里雅特蒙人、華工、德奧俘虜，
以及被德奧所釋放之俄俘。〔註17〕又據三月十四日陸軍部公函，稱富陞阿在
大鳥里復召得蒙兵四千餘人等，此皆涉及內、外蒙情勢更加嚴重。〔註18〕

　　二月十九、三月十五謝氏召開兩次大鳥里會議，參與其事之各方代表有
內蒙、呼倫貝爾、布里雅特、外蒙、日本等，第一次會議中決定組織其獨立
政府，並尋求國際承認，第二次會議則設官分職，但參與的人選說法不一，
尤其是外蒙官方之否認預參其事。〔註19〕謝氏之活動顯然是欲誘召所有的蒙

〔註16〕　在中俄關係史料中，稱闊爾卻克所領導之政府爲自主政府，又時稱爲全俄政
　　　　府、西伯利亞政府、闊政府、鄂（木斯克）政府等。
〔註17〕　參見李毓澍前揭書，頁123。
〔註18〕　據3月3日鮑貴卿電稱，富陞阿專主號召蒙人，而謝米諾夫以其布里雅特蒙
　　　　人之故，亦添募同族蒙兵二千人，此皆有覬覦東蒙與外蒙之企圖。
〔註19〕　關於兩次大鳥里會議，可參見李毓澍前揭書，頁126～132，札奇斯欽、金銚
　　　　鴻等前揭文。其中人選不一之處，如外務部次官金銚鴻文中指出爲外蒙古之
　　　　那林貝勒，但未被接受。內務部長李書中爲那倫培勒（那林貝勒？），金文中
　　　　則爲未定之外蒙人，又有次官爲內蒙之基安圖公。軍務部次官，金文指出爲
　　　　呼倫貝爾之巴卡巴鐵。金文中又指出另有一總長爲那基圖音活佛。至於外蒙
　　　　代表桑爾染，李書以證據不足，難以論定，札奇書中引俄使廓索維茲所說，
　　　　外蒙並無代表參加，J. White 前揭書中亦無所見，惟三月廿八日陳毅電文中
　　　　稱：「外蒙代表名桑爾染喇嘛，即綽爾濟喇嘛」，則未知是否確實？或係私人
　　　　之參與。至日本所派係觀察員身份，札奇文中指出爲鈴木少佐與黑木大尉。
　　　　又據 R. A. Rupen, Mongols of the 20th Centruy, Indiana Unvi; 1964，書中說二月
　　　　廿五日先在赤塔（Chita）召開預備會議，二月廿八日正式開會於大鳥里，並
　　　　推出以 Neisse Gegen 爲首，見 pp. 129～135。

古人組成一政府。

謝氏極力誘迫外蒙，或由日本武官活動，或由布里雅特蒙人之賄賂，或欲派兵入外蒙助其獨立等，此威迫利誘皆不得逞。中國方面雖早知日、謝之野心，函電交集，密議頻商，但未能有確實行動，倒是英、美聯軍尚有牽制之作用。早在七年十月二日陳毅電中即已指出：

> 列寧赴德，必有密約，擾害遠東決無疑義。美欲握路礦二權以制日本，日則利用兵力所至，一切壟斷，以對美……所謂中國外蒙滿州問題，已捲入歐戰漩渦之中。……舊黨受捷克指揮，捷克受日本利用；新黨則聯奧俘，效命德國。此時競爭重點，實在日美德，而不在俄。

陳氏在八年一月四日電中又指出日本支持謝氏，為藉以壟斷權利，而西伯利亞現狀，名雖謝氏與俄臨時政府（自主政府）之衝突，實則日軍與英美聯軍之衝突。日本之利用謝氏，不獨欲把持西伯利亞與北滿權利，並欲謝氏成立政府，得以繼承中俄蒙三方協約，借以侵略外蒙。

美國的聯合英、法以抵制日本，固與日本擴張有關，實則也恐怕有覬覦蒙古之心。據三月四日哈爾濱王文興電文中可知，美國有投資蒙古之心，也暗中與蒙人來往，關係到此次運動。日本對美國之參預則頗為不快。[註20] 四月間日、謝圖蒙最為高潮之時，美、英、法聯軍開至上烏金斯克、列里等地，阻嚇謝氏軍隊，遂使形勢稍緩，在四月十日恰克圖李垣之電文，及六月十九日哈爾濱連絡員張天驥電文中可知。

至五、六月間謝氏圖蒙又復高張，一方面因謝氏與闊爾卻克之爭得到協調，可自由擴軍；同時東方之白俄勢力也漸傾向日本，使謝氏無牽制之憂。[註21] 另一方面聯軍初有停止對俄干涉之轉變，此因大戰結束失去干涉之理由，而經四年戰事，軍中也產生了厭戰心理；當聯軍與俄國在第三次調停時，又由於闊爾卻克戰事上的勝利，聯軍態度再轉變為支持白俄繼續抗共。此時聯軍之動向可知。[註22] 這些對謝氏之活動都是有利的。

謝氏再度積極圖蒙，其以武力干涉已甚囂塵外，且著手兵力之布署。外蒙則盡力拖延，允以八月召開大會決議，同時探詢北京政府之態度。實則外蒙與北京政府洽談此次危機的相關問題是在八年的一月，以及四月十五日的

〔註20〕 參見 J. A. White 前揭書，頁 202～206。
〔註21〕 參見李毓澍前揭書，頁 141。
〔註22〕 參見李邁先前揭書，頁 456～460。

正式照會中央「迅速籌定辦法，解散謝、富華蒙匪兵」。〔註23〕外蒙固無力對抗日、謝之野心，也歧視布里雅特之謝米諾夫，對其所抬出之覺賴・博克多頗為輕視，加之對俄、日不滿，當然不致贊同此一運動。〔註24〕外蒙自有其王公，更有哲佛為領袖，即欲獨立或自治，也不當在謝氏之領導下來行動。

其後八月四日庫倫大會決議不參與謝氏之運動，謝氏則欲武力進犯，擾攘竟月而無行動，係謝、富衝突相戰之故；富陞阿敗亡，雖然一時緩衝了外蒙危機，但謝氏仍不放鬆其企圖，不過北京政府已與外蒙商談援助及撤治問題了。謝氏此時未出兵及外蒙，就白俄方面而言，係戰事之失利。闊爾卻克自民國八年春攻向烏拉山及窩瓦河谷，初期頗為順利，後來因戰略上之失誤，八月以後敗退回西伯利亞，聯軍乃漸漸失去支持他的興趣。〔註25〕闊氏於是極力拉攏謝氏，據海參威總領事在十二月廿六日電中稱：「闊政府派謝氏統轄三省軍務，……權勢甚大，帝黨頗抱樂觀」，接著在卅一日電中稱：「闊上將已派謝為俄國全國總司令，……（謝氏）在赤塔召集哥薩克軍民研究外蒙古內向問題，擬從呼倫進兵，以為報復之計」。蓋此時闊氏已自身難保，謝氏所圖報復之計，乃因外蒙撤治已於十一月下旬正式完成之故。其後謝氏受迫於赤俄，勢力大弱。

「泛蒙古運動」到此可謂解體，但其餘波不止。民國九年七月，皖系失敗，邊防軍解散，謝氏部將溫琴（Ungern Sternberg）欲據外蒙為基地，經二次進攻庫倫得逞，於是又有外蒙古被迫的第二次獨立事件。北京雖以張作霖為蒙疆經略使，張氏志在內蒙地區，反與謝氏聯絡。而接徐樹錚之任的陳毅，此時亦無法挽回外蒙局勢，而後就是赤俄的攻佔庫倫，以及外蒙古的赤化。溫琴戰敗後被俘處死，謝氏則遠走日本。〔註26〕

四、結　論

當十七世紀末時，外蒙受迫於親俄的準噶爾而急需外力之助，其放棄親從俄國之威脅而歸附於滿清。滿清多能尊重其傳統，從而禮優其政、其教等，也給了外蒙相當於自治之地位；歷來治邊之策，清代可謂相當成功，固其治理有

〔註23〕參見李毓澍前揭書，頁 143、172。
〔註24〕參見札奇斯欽前揭文，頁 102、103。
〔註25〕參見李邁先前揭書，頁 460。
〔註26〕參見郭廷以前揭書，頁 479。

「術」也。但論其失則在以國內特別法對待外藩之矛盾，使外蒙經二百餘年未能建設起來。〔註27〕及至晚近邊事日警，清廷逐漸有「侵擾」外蒙之各措施，乃至新政之推行，失去蒙古人之感情。〔註28〕結果蒙地風氣未開，人心無法收拾，形勢洶洶，使俄人乘機界入。〔註29〕外蒙在辛亥年之獨立即聲明爲保護土地與宗教，〔註30〕可知其對舊傳統之保守及清末政策之失。

　　從歷史的角度來看，各朝代之盛衰與邊疆之治亂有循環之關係，簡言之，即中央勢弱或內部不靖，足以影響邊疆之治理，清末與民初正是處在此一時期。加之列強復覬覦中國，外蒙古由獨立演變成自治已屬不易，雖然北京政府仍存有進一步「控制」外蒙之圖，尤其是在外蒙與俄國勢力之對抗中，這種企圖本無可厚非，問題在於做法。前已言及陳籙、陳毅在外蒙之治績，可謂循此計畫進行，不意「泛蒙古運動」之發生，給予北京政府一大考驗。就實際形勢而言，有如當年喀爾喀受準噶爾之侵迫，北京政府正可干預，但其時中國內爭未止，又復有列強環伺，究竟非昔日滿清可比。尤有甚者，外蒙問題決非撤治即可解決，如其內部領導階層的黃黑之爭，是有其歷史、文化之背景；〔註31〕此在撤治期間雙方即有糾紛，撤治後對此問題亦無可如之何。其他在社會、經濟上諸多問題，在撤治後亦無法改善。完成撤治的徐樹錚，曾提出其西北籌邊辦法大綱，觀其內容要點則頗具規模，〔註32〕蓋與清末三多之新政相彷彿，恐怕又須以強制執行，因爲「所貴乎撤消自治者，非貴乎其名也，貴乎政府獲設治之實耳」，〔註33〕欲獲設治之實，當如徐氏所言及其作風，則蒙人之感情將遭破壞，雖然「夫誘掖蒙人撤消自治，美名也，展闢

〔註27〕　參見拙作，〈清代北疆政策之基本原則及其在歷史上之淵源關係〉，《文史學報》，第十六期（台中，中興大學，民國 75 年 3 月）頁 153～164。至準噶爾親俄以攻外蒙事，可參見《準噶爾史略》（北京，人民，1985 年），頁 97～106。

〔註28〕　參見矢野仁一，《近代蒙古史研究》（日本，弘文堂，昭和十三年），頁 306、307。

〔註29〕　參見林唯剛，《俄蒙交涉始末》（大陸，民國經世文編），第廿二冊，頁 4。王勤堉，《蒙古問題》（上海，商務，民國 19 年），頁 45。

〔註30〕　參見陳崇祖前揭書，第一篇，頁 11。

〔註31〕　關於外蒙黃黑之爭問題，可參見黃奮生，《蒙藏新誌》（中華，民國 27 年）（下），頁 718、719。G. M. Friters, Outer Mongolia and Its International Position, 1948, London, pp. 35～36。

〔註32〕　參見李毓澍前揭書，頁 237～243。

〔註33〕　見前註，頁 248。

地力，濬發民智，美事也。」，〔註34〕美名是對北京政府或徐氏個人而言，美事是理想如此，作法與結果則未可知。

　　徐氏治蒙之計畫與理想不必全然否定，但所謂事在人為，就以徐氏撤治之所為，論者皆以為不當。以事而言，北京政府果有實力撤其治而能確實治之乎？對外蒙、對列強皆能「獲設治之實」乎？自陳毅接徐氏之任後，外蒙與日本私訂條約，又勾結謝米諾夫之勢力，接著圖謀再獨立，〔註35〕這一系列的活動不正說明了撤治之結果？又何能「獲設治之實」？陳氏與徐氏皆主撤治，意見雖有不同，但皆欲恢復設治之實，就以當時中國內外環境而言恐非易事。

　　當謝氏活動之前，陳毅在外蒙努力於相機增訂條件，欲使中國在外蒙地位高於俄國，及謝氏活動日趨上升，外蒙無力應付，以中國之立場自當協助，況又得外蒙之主動要求，此「泛蒙古運動」實為恢復中國北疆勢力之良機，並堅定外蒙內向之誠。但當時北京中央出兵援助之策頗有缺失，陳毅有兩則電文可以說明，一是八年三月十五日給徐世昌總統謂：「務懇切誡國人，放開眼光，擴大心力，專注於對外，勿徒營營逐逐於長城一圈以內也」，此時正是日、謝圖蒙最緊急之際，北京方面猶在派系爭權，眼光與心力正在此地。二是八月十五日外蒙莽賚王所說：「蒙既拒謝布，倚賴中央，若中央軍隊僅來庫倫，而不援車盟東邊，是本意在防蒙而非救蒙。」此時徐樹錚已有軍隊到庫倫，但東路未見北京派兵出擊，莽賚王所疑者正是徐氏所代表的北京中央之心意，也正暴露了援蒙的軍事上有極大之缺點；徐氏軍隊入庫倫，正可以兵威完成撤治也。由於北京政府傾心於撤治，難免決策上著重於「防蒙而非救蒙」了。若軍事上能如七月間與蒙軍共同收復烏梁海一樣，先驅除外來勢力，〔註36〕再圖其他，應該是較為實際的。

　　關於「泛蒙古運動」中牽連到布里雅特蒙古之獨立運動的問題，此與俄國政策之改變有關。原來在清初布里雅特被割給俄國是中國政府之重大損失，〔註37〕帝俄時期之治理主要依據一八八二年 M. M. Speranskii 所提之「土

〔註34〕見前註，頁 250。
〔註35〕參見陳崇祖前揭書，三篇，頁 28～34。
〔註36〕關於烏梁海之光復，參見李毓澍前揭書，頁 72～121。
〔註37〕布里雅特蒙古之割讓為尼布楚及恰克圖兩條約中所失，詳見張逄民前揭書，頁 47～51，另見周西村，〈中俄疆界的變遷〉（《邊疆論文集》，第二冊，臺北，國防研究院，民國 53 年元月），頁 1255。胡良珍，〈尼布楚條約以前俄人侵略西伯利亞東部中國領土之研究〉（《邊疆論文集》，第二冊），頁 1259～1263。

著」法案 Inorodtsy（Indigenes），此法案治理該地達八十年（西元 1882～1901年）之久，法案廢除後，帝俄欲以官方直接統治，並實施俄化政策，遭致布里雅特人陸續之反抗。〔註 38〕此法案之精神與清初治外蒙類似，即以自治性質對待並不加以干涉，而法案之廢除與俄化政策又與清末行新政類似，故布里雅特人在二十世紀初已展開抗拒俄國尋求獨立自主之運動。若除去日本之煽誘外，謝氏以布里雅特蒙人之獨立而擴及全蒙古人之聯合，是有其歷史發展之因素。但不論如何，「泛蒙古運動」對內、外蒙古有其影響，同樣地，中國之內、外蒙古亦能影響及布里雅特蒙古，若安定外蒙之策成功，則更能號召布里雅特蒙古之回歸。

在「泛蒙古運動」期間，北京政府初期之態度頗為審慎，陳籙等之主張可為說明：

> 惟外蒙自治一節，不惟載在條約，對內對外均經政府確切表示。國家大信所在，既不可輕易變更，而民族自決為世界潮流所趨，尤不可顯與背馳，招致他國非議。況自俄亂以來，外蒙官府已深知俄力不足倚恃，已一變其宿昔之態度，對於中央深表親賴之意。如近日謝米諾夫勾煽蒙人獨立，外蒙官府竟不為所動，足為明證。在我正應一意懷柔，使中蒙關係日益親密。若輕隳已成之局，不惟阻過蒙人內嚮之誠，更恐別生誤會，致來外力干涉。因之，數年之功，敗於一日，蒙疆存亡所繫，不可不特加注意。〔註39〕

這原是相當平實且考慮周詳的意見，北京政府若本此看法為原則，儘速兵援外蒙，全力合作，共圖大計，始能不失五族共和之精神。由實力上積極經營，不必著眼於撤治之空名，中央之地位當會自然增進，而與蒙胞之感情亦當自然增進，則自治又何損於共和？

（原刊於《文史學報》，第二十期。台中：中興大學，民國 79 年）

〔註38〕參見 R. A. Rupen，前揭書，pp. 5～6。
〔註39〕轉引自李毓澍前揭書，頁 168。